JN186901

時間と自由意志

自由は存在するか

青山拓央

DIVERGING TIME

A PHILOSOPHY OF FREE WILL

AOYAMA TAKUO

筑摩書房

時間と自由意志——自由は存在するか【目次】

装幀　水戸部 功

時間と自由意志——自由は存在するか

序文

自由意志、必然と偶然、選択と責任――これらに関心のある読者にとって、本書はおそらく読む価値がある。とりわけ第一章で詳述する「分岐問題」に惹かれた読者にとっては。利用した旧稿を含めると本書の完成には約十年を要したが、その長さはむしろ、作業の合間の休息による。本書についての他の拙著と異なり、ある程度の分量を書くたびに――別の作業に移ることで――休息をとる必要があった。その原因がどこにあるのか、はっきりとは分からない。ただそれは、著述の姿勢の特別さなどではなく、論じられている問題の性質に由来するものだろう。そこには何か非人間的な真実があり、われわれの接近を拒んでいるように見える。

本書はいわゆる哲学書であるが、哲学研究者以外の方にも、関心があればぜひ読んで頂きたい。ただその際、本書が目指す議論の性格をあらかじめ知っておいてもらったほうがよいだろう。その導入としてまず、次のような未来の社会像を示す。この像は、それに近い社会が実現することが多くの人の目にすでに明らかである点において、予言というほど大げさなものではないし、まだまだ限定的ながら、部分的にはすでに現実となっている。

その未来の社会においては、脳と意思決定の関わりが詳細に理解されている。高解像度で非侵襲的な脳スキャン技術も確立しており、人間の現在の脳状態を見ることで、その人物の直後の行為をきわめて高確率で予測することができる。このとき興味深いのは、脳状態に基づく予測が、その人物の内面における意思決定の自覚にも先立つ点だ。つまり現在の脳状態を見ることで、その後の行為だけでなく、行為者の内面的な意思決定を予測することも可能であり、このことは一般的にこう解釈される。人間がこれからどんな行為をするか、どんな行為をしようと思うかは、その人物の脳によって決められている、と。

さらにこの社会においては、脳に医学的に働きかけることで、行為や意思決定を操作することが広く実践されている。常習的犯罪者や神経症患者の習癖の改善においてはもちろん、いわゆる普通の人々にとっても、そうした脳操作は身近なものとなっている（学習効率を高めるために勉強をしたくなる薬を飲む、等々）。SFを読まれる方にとっては、これはお馴染みの設定であり、たとえば次の一節はそれを戯画的に描いたものである。

「888をダイヤルすればいい」リックはテレビのスイッチをいれながらいった。「どんな番組であっても、テレビを見たくなる欲求だ」

「いまはなにもダイヤルしたくない気分なのよ」

「じゃあ、3をダイヤルしろよ」

「まっぴらだわ、ダイヤルをセットする意欲がわくように、大脳皮質への刺激をダイヤルするなんて！［……］」(1)

哲学者たちがどのような議論をしようと、社会がこの種の未来に日々近づき、それに伴い、自由意志なるものへの信頼が下がり続けることは避けがたいだろう。つまり、私の行為を決めているのは私自身ではなく脳であり、それゆえ、行為選択の〈起点〉——そこから可能な諸行為の一つが現実に開始される——としての自由な意志など存在しないのだ、というように。こうした見解は、行為の責任を問う際にも重要な意味をもってくる。なにしろ、どんな悪事であろうと、脳がやったと見なされるのだから。

こうした未来の予見に対し、社会がそこに向かうべきか否かを現在の筆者に論じる力はないし、そうした議論と以下で見ていく議論が並走可能なのかも定かではない。本書の目的はもっとささやかで、ある意味ではもっと執拗であり、それはつまり、ここで描かれている状況の意味をひたすらに正しく理解することである。いま仮想したたぐいの未来の状況を理解するだけでなく、それに向かいつつある現在の世界がどのような世界かを理解すること——。

（1）ディック［1977］, p.12, 省略引用者。

本書でこれから見ていくように、脳が人間の行為を決める——人間は脳に操作された「不自由」な存在である——といった図式は、じつは不正確なものである。そこでは一見、自由意志が過去の遺物として消去されているが、この図式は根本的な意味で、自由意志という幻想にむしろとらわれている。第一章で詳述するように、〈起点〉としての自由意志にはさまざまな論理的難点があるが、「脳が決める」という上記図式は、〈起点〉を脳に移植したものにすぎない。それはいわば「脳の擬人化」(→第四章第5節)であって、自由意志をめぐる哲学的問題はまったく解消されていない。

脳を操作することでより良い社会を実現するといった図式も同様であり、そこでは脳操作をする何らかの〈起点〉が考慮の外に置かれている。詳細はあとに譲るが、ここでは次の問いを見ておこう。医師や政治家の判断によってある人物の脳が操作され、より良い社会が実現されたとして、その判断はどのように行なわれたのか。医師や政治家の脳によって? しかし、それらの判断も自然現象の一つならば、いったいだれ(何)が〈起点〉となって、未来のあり方を決めたのか。そもそもこの世界には、決める側に立つだれかなど存在するのか。

さきほどの引用における「ダイヤルをセットする意欲がわくように、大脳皮質への刺激をダイヤルする」という一節からも、これと同様の疑問を読み取ることができる。[2]「ダイヤルをセットする意欲がわく」ようにダイヤルをセットするのはだれ(何)なのか。選択の〈起点〉となるような何ものかは存在しえないのではないか。ここからわれわれは、不自由なものとしての人間から無自由なもの——自由でも不自由でもないもの——としての人間へと視線を移していくことになるが(→

第四章第1節)、そのためには先行する議論を順に追っておかなくてはならない。いまは本書の全体について、次のように述べるに留めよう。本書はいわば、自由の外部にある世界をできる限り精確に写しとり、そちらの側から人間にとっての自由を眺望するための本であるが、「自由の外部」とは不自由ではなく上述の無自由のことである。

議論の背景

自由をめぐる哲学的論争は、ホッブズのような比較的最近の論者を始点にとっても、すでに三百五十年以上の歴史をもっている。(3) 自由の議論には階層性があり、その全体像を捉えるには、それぞれの階層を切り分けることと、切り分けすぎないことがともに必要である。異なる階層における「自由」の意味を混同せず、同時に、複数の「自由」のあいだの依存関係に留意しなければならな

(2) P・K・ディックによるこの一節は、H・G・フランクファートの言う「二階の欲求(意欲)」の構図で理解することもできる(Frankfurt [1971])。すなわち、ダイヤルをセットする意欲がわくようにダイヤルをセットすることは、ダイヤルをセットするという一階の欲求をもつことに関する、二階の欲求によってなされた行為だと見なせる。しかし、このように考えた場合にも、「無自由」についての第四章での論点は消えない。

(3) その論争史の優れた解説は多いが、それらのうち、ここでは、Kane [2002], Watson [2003], 美濃 [2008], 野矢 [2010] を挙げておく。このほか、古代ギリシアでの自由論から始まる、より通史的な解説としては、新田 [1993] 第一章など。

い。本節ではまずこの点を概観し、本書全体の構成については、次節で改めて述べることにしよう（本節で使用されているいくつかの専門用語については、第一章以降にて適宜、より詳細な説明を加える）。

最初になされるべきなのは、したいことを妨害されずにする自由と、何をするかを自ら決める自由との区分である。大まかに言えば、前者は社会的に承認される自由（liberty）——たとえば恋愛結婚の自由——に対応し、後者はいわゆる自由意志（free will）に対応する。私が水を飲みたいと思い、何の妨害もなしに水を飲めたなら、前者の意味で私は自由である（他者による身体拘束のような分かりやすい妨害だけでなく、水を飲むことを禁じられた場所であったり、水を購入する費用がなかったり、あるいは身体の障害ゆえに水を口に運べない場合も、ここでの「妨害」に含まれる）。他方、水を飲むことに決めたのは私であり、私以外の何ものかによってその意志をもたされた——たとえば催眠術によって——のでないなら、私は後者の意味で自由である。ただし、この説明はやや曖昧であり、もう少し細部を補わなければならない。

自由意志の働きが認められるのは、私がほかならぬ自分の意志によって行為するときだ。自由意志の存在を擁護する人々が確保したいのは、その意志が行為選択の〈起点 origination〉となったという意味での〈起点性〉であり[4]、さらには、現実になした以外の選択も可能であったという意味での〈他行為可能性 alternative possibility〉である[5]。それゆえ自由意志はしばしば、催眠術のような個別の意志操作にとどまらない、世界の決定論的なあり方との関係のもとで論じられてきた。もしこの世界が何らかの意味で決定論的——何が起こるかがすべて決まっている——であるならば、そのことによって自由意志は損なわれるというわけである。

これに対し、したいことを妨害されずにする自由のほうは、決定論的世界においても成立しうるように見える。(6) たとえ私の行為や意志が、物理学や心理学などの法則のもとですべて決定論的に生じるのだとしても、水を飲むことを意志して妨害なしに水を飲んだなら、私は自由に水を飲んだと言える。先に名を挙げたホッブズはこうした自由論の提唱者であり、決定論と自由はともに成立しうるという「両立論」の代表的な先駆者である。

したいことを妨害されずにするという、決定論と両立しうるこの自由のことを、「両立的自由」と呼ぶことにしよう。この種の自由と決定論の両立を「自由意志と決定論の両立」として叙述する論者もいるが、(7) そこでは「自由意志」という語に独特の意味づけがなされており、それ自体が論争

(4) 第二章の一部となっている青山［2007］にて私は、この「起点性」を表現する意図で「自発性」という語を用いた。しかし、ホンデリック［1996］（邦訳）のように日本語としての「自発性」（原語では voluntary）を両立的自由の文脈で用いる論述もあるため、用語上の混乱を避ける意味で、本書では「起点性」という語を使用する（それに伴い、青山［2007］を利用した本書の箇所についても「自発性」から「起点性」への書き換えを行なった）。とはいえ、起点性抜きの自発性——自分の意志を妨害なしに実現すること——を「自発性」と呼ぶこと自体に違和感を覚える人も多いだろう。

(5) 野矢［2010］における「選択可能性」との訳語は、原語（alternative possibility）により忠実とも言えるが、本書では使用頻度の高い「他行為可能性」の訳語を選んだ。

(6) ただし、第二章第5節・第6節では、この一般的見解に疑問を投げかける。

含みのものである。本書では、語の多義性による混乱を避けるためにそうした叙述はせず、「自由意志」という語は断りのない限り、起点性や他行為可能性を意図した伝統的な意味合いのもとで用いる。

両立的自由は決定論と両立しうる自由であって、非決定論と必ずしも衝突はしない。両立的自由と見なされるものの大半は——その具体例は第二章にて見る——決定論的世界と非決定論的世界のどちらにおいても成立する。それゆえ、ある非決定論者が自由意志の存在を認めつつ、同時に、両立的自由の存在も認めることにとくに矛盾はない。ただし、すぐあとに記すように、自由意志の擁護者にとって両立的自由は副次的なものである。

自由の哲学的論争は、両立的自由と自由意志の二分を軸に、さまざまな方向に展開される。その論争史はいわば、両立的自由と自由意志との対立の歴史とも言えるが、しかしここで次の点をおさえておくことは重要だろう。両立的自由こそが自由の中心的概念だと考える論者は、自由意志を非実在的な幻想（たとえば社会的な因習のようなもの）と見なすことが多いが、自由意志の実在を認めることも原理的には許される。[8] 他方、自由意志の擁護者はほとんどの場合、両立的自由が実在しないとは考えていない。両立的自由はたしかにあるが、それはいわば「表層の自由」[9]にすぎず、自由意志のようなより深い自由があってこそ両立的自由も真の自由の発露と見なせる——、こんなふうに彼らは考える。

それゆえ、両立的自由と自由意志との対立は、一方が他方の実在を否定するという単純な図式にはなっておらず、真の自由とは何かをめぐっての主導権争いと見ることができる。両立的自由こそが自由の核心であるなら、自由意志は幻想であるか、あるいはあっても二次的なものであろう。反対に、自由意志こそが自由の核心であるなら、両立的自由は自由意志のもとでこそ意味をもつ、二次的なものであろう。この主導権争いのなかに、決定論の正否をめぐる論争が入り込み、意見の組み合わせに応じていくつかの諸説が得られる。

たとえばホッブズは決定論が正しいと考え、自由意志の実在を否定したが、両立的自由こそを自由の核心と見なしたため、人間は自由であると述べた。この考えは、今日では〈柔らかい決定論 soft determinism〉と呼ばれる立場に属する。一方、決定論を認めつつ自由意志こそを自由の核心と見なすなら、人間は自由ではなくなるが、こちらは〈固い決定論 hard determinism〉と呼ばれる。その他、決定論を拒否し、自由の核心となる自由意志の実在を擁護する説は〈自由意志説 libertarianism〉と呼ばれる。(10)

(7) Frankfurt [1971] など。
(8) たとえば、両立的自由こそを第一義の自由と見なしつつ、この世界がたまたま非決定論的であるために、起点性や他行為可能性としての自由意志もたまたま(二次的な種類の自由として)存在するケースなど。こうしたケースはあまり言及されないが、両立論的な自由観と直接矛盾するものではない。
(9) Kane [2002], p.3.
(10) 「リバタリアニズム」とそのまま表記されることも多いが、本書では美濃 [2008] に倣って、「自由意志説」との訳語を使用する。なお同説と、政治哲学上のリバタリアニズム(自由主義)とはまったく別のもの

近年の論争状況としては、過去の議論の精緻化に加え、両立的自由と自由意志の双方について別の「味つけ」の余地が論じられている。それぞれの自由の核心となる部分を、従来とは別の角度から特徴づけようという試みである。両立的自由については、妨害なしにしたいことをするだけでなく、ある（実効的な）欲求をもちたいという「二階の欲求（意欲）」を実現しうる点や、行為者に怒りや感謝といった倫理的態度を差し向ける点（そこでなされる責任帰属を通して自由が捉え直される）、あるいは、自然淘汰によって獲得しうる適切な行為のシミュレーション能力をもつ点に自由の本質を求める動きがある。[11] 他方、自由意志については、「意志」という表現にこだわらず、行為者そのものに自由の起点性を認めようという〈行為者因果説 agent-causal theory〉と呼ばれる議論があるし、[12] 他行為可能性のみに注目して――自由意志については直接に語らずに――他行為可能性の一種と決定論との両立を主張する議論もある。[13]

これらはどれも興味深いものだが、あらかじめ次の点を述べておくことは有益だろう。責任帰属のような倫理的実践は自由と密接な関係にあるが――われわれは自由な主体にこそ責任を問うものなので――責任帰属の分析は自由の分析と同じではない。美濃正の言う通り、前者を後者の代替とする議論には以下の危険も伴っている。「そもそもそれは、まず帰責可能性の条件を析出し、次いでその条件を自由の成立条件でもあると主張する、という一般的戦略を採っているものとみなされる。しかし、たとえ帰責可能性が自由を含意するとしても、その逆の含意は成り立たない（少なくとも成り立つかどうか明白ではない）。したがって、析出された帰責可能性の条件が自由の成立条件としては余計な要素を含んでいる危険性が、じつははじめから伴っていたのである」[14]。このことは自明に思われるかもしれないが、実際には見逃される事例も多く、対話の混乱の一因となっている[15]。

本書の構成

いま見た議論状況をふまえて、本書の構成と狙いについて述べたい。本書は全四章と補論から成である。

（11） これら三つの試みについては、代表的な文献としてそれぞれ、Frankfurt［1971］, Strawson［1962］, Dennett［2004］が挙げられる。

（12） 先駆的文献としてはChisholm［1964］がある。近年の行為者因果説論者としてはT・オコナーやR・クラークが代表的であり、彼らの議論はしばしば、R・ケインの独自の自由意志説との比較のもとで論じられている（→第二章第1節）。

（13） Lewis［1981］など。

（14） 美濃［2008］, p. 172, 強調引用者。

（15） 現代の科学の知見のもとで、本節で概観してきた議論にどのような意味があるのか。人間の予測可能性と結びついた認識論上の決定性と、世界そのものの在り方についての存在論上の決定性を峻別したとき、次の点は重要である。自由意志論にとっての基本的課題は後者の決定性との対立にあり、それゆえ、たとえば決定論的カオスに見られるような予測不可能性（認識論上の非決定性）は、自由意志と決定論との伝統的対立を直接解消はしない。そしてこの文脈においては、量子力学に関してさえ——存在論的に——決定論として解釈する余地はまだ残されている（Price［1996］, 森田［2011］など）。この状況下で、決定論が正しい場合と誤っている場合の双方について中立的に議論を進めておくことは有益であろう。

り、第一章で提起した問い（分岐問題）に残りの章で答えていく構成をもつが、この主たる流れで読んだ場合、第三章は副次的な章となる。第三章では様相概念（必然性・可能性）に関する特定の主張がなされるが、その主張への賛否は主たる流れに決定的な影響は与えない。他方、第三章をいわば裏口とする別の読み方が本書にはあり、その場合には第三章が第一章・第二章の背景を、言い換えるなら、分岐問題がなぜ様相概念の理解そのものにとっても重要なのかを、描き出すことになる。

規範的哲学と記述的哲学というラフな分類をあえて使うなら――簡略に言って前者は「どうであるべきか」を論じ後者は「どうであるか」を描写する[16]――第一章から第三章までは規範的側面がやや強く、より正確に言えば、既存の規範的諸説に対する申立てとなっている箇所が多い。他方、第四章では記述的側面がやや強く、上記「申立て」ののちにどのような日常が残るかを、われわれはどのような錯覚を生きているのかという問いのもとで描いている。その錯覚は、正常な人間と見なされる者がその外に出られないという意味で、人間にとっての「現実」だと言ってよい（読者によってはこの「記述」的議論を、生成論と解したり、超越論的論証と解したり、あるいは新たな見取り図の提示と解したりするかもしれない。著者としては第四章に関し、複数の読み方を開いたままにして、読者に自由に使って頂きたい）。

各章の概要を順に見ておこう。第一章では、これまで自由意志／決定論の対立として論じられてきた問題を、自由とは何かという議論をいったん保留し、諸可能性からの現実の選択という一般化された形態のもとで論じる。同章の章題である「分岐問題」がそれにあたるが、この形態のもとでは、過去になされてきた議論の多くをより簡明な定式化のもとで、同等かそれ以上にくわしく再考することができる。たとえばP・ヴァン・インワーゲンの一九七五年論文は自由意志／決定論の対立を訴えた近年の最重要論文だと言えるが、しかし同論におけるいくつかの前提――物理法則による決定の時間非対称性など[17]（具体的には「帰結論証」における「T_0」の定義の時間非対称性など）――は、分岐問題のもとでは再吟味されるべき「不純物」となる。[18] さらに分岐問題においてはその単純

(16) 規範的哲学の代表例としては論理学や倫理学がよく挙げられる。そこでは通常、ある前提を置いたとき何を「正しい」と見なすべきかが論じられる。他方、言語行為の分析や後期ウィトゲンシュタインの議論などには「記述的」と評せる側面があり、人間や事物は実際にどのようにあるかが詳述されている。ただし本文で述べた通り、規範的哲学と記述的哲学の区別はあくまでラフなものである。

(17) ある法則が時間対称的であるとき、その法則下で生じうる現象は逆の時間方向にも生じうる。「時間非対称」はこれの否定であり、時間的な一方向性が表されているが、とりわけ本段落では、過去が未来を法則的に決める（その逆はない）との前提がヴァン・インワーゲン論文から読み取られている。

(18) van Inwagen [1975] での骨子となる「帰結論証」を見ておこう (p. 50)。人物Jが現実には時刻Tに手をあげなかったとして、決定論が正しいならばJは時刻Tに手をあげられなかったことを、その論証は以下のように示す。ただし「L」はすべての物理法則の連言を、「T_0」はJが生まれる前のある時刻を意味し、さらに「P_0」は時刻T_0の世界の状態を表す命題を、「P」は時刻Tの世界の状態を表す命題を意味する。T_0がJの生まれる前と定義されている点に、決定関係の時間非対称性を認めることができる。「(1) 決定論が真であるならば、P_0とLの連言はPを含意する。(2) Jが時刻Tに手をあげていたならば、Pは偽であっ

な形態ゆえに、自由意志と非決定論との対立や、確率的法則の諸解釈についても、共通の問題設定のもとで検討することができる。

第一章の議論は入り組んでいるが、結論のみを簡潔に述べるなら、分岐問題への返答は二つに絞られる。諸可能性の分岐そのものを消去し、歴史は実在としてだけでなく可能性としても単一であるとするか（これは「単線的決定論」と呼ばれる）、説明不可能な偶然を認め、それによってのみ諸可能性の「選択」はなされるとするかの、いずれかだ。詳細は本文に譲らざるをえないが、前者の返答は法則的決定論の正否と独立であり、さらにはD・ルイス流の様相実在論もこの返答と軌を一にする。他方、偶然の承認は分岐問題への一種の降伏を意味し、偶然による「選択」との表現も厳密には比喩にすぎないものである（偶然は選択の要因ではない）。興味深いのはこの二つの返答がともに、諸可能性の一つを現実化する要因を――心的なものであれ物的なものであれ――世界から消去することだ。この世界像は第四章において、「無自由（*afree*）」という呼称を与えられることになる。

第二章では、自由意志や両立的自由についての諸説をふまえて自由とは何かを考えていくが、その土台となるのは前章で見た分岐問題への考察である。同章では一見、自由意志論争によく登場する話題のいくつか（たとえば先述のヴァン・インワーゲン論文の検討）が素通りされているように見えるが、その理由は前章ですでにそれらを別の仕方で検討し終わっているからである。[19] とはいえ、起点性や他行為可能性といった重要な話題については同章でも触れるし、自由論と責任論との混同についても整理を行なう。たとえば両立的自由に関しては、それがしばしば決定論との両立性ではなく他行為可能性のなさとの両立性のもとで論じられてきた点を指摘し、さらにそれが——第二章第6節で紹介する「フランクファート・ケース」の検討を通じて——他行為可能性のなさと責任との両立性の議論に変質してしまうことの弊害を見る。このほか同章後半では、時間分岐図への偶然の定位をめぐる考察や、自由と責任についての諸説の存在論的な「コスト」の比較もなされる。

第三章は様相概念についての時間論的考察となっており、論理的可能性（「ありうる」）に対する実現可能性（「なりうる」）の一種の優位が主張されるが、その際に直視されている問題は筆者にとって馴染み深いものである[20]。同章全体を貫く試みは、ドゥンス・スコトゥスからアリストテレスへ

ただろう。(3)(2)が真であり、さらにJが時刻Tに手をあげることができたならば、JはPを偽にすることができた。(4)JがPを偽にすることができ、そしてP_0とLの連言がPを含意するならば、JはP_0とLの連言を偽にすることができた。(5)JがP_0とLの連言を偽にすることができたならば、JはLを偽にすることができた。(6)JはLを偽にすることができなかった。∴(7)決定論が真であるならば、Jは時刻Tに手をあげることはできなかった」（邦訳 p. 140 より引用。ただし改行およびスペースを省略）。

(19) 第二章に限らず言えることだが、国際的に有名な文献であっても本書への影響がわずかな場合、注などで簡単に言及するに留めた。他方、実質的影響を受けた文献については、その著者の知名度にかかわらず——もちろん邦語文献であっても——必要な情報を記載した。これは自然なことだと思うが、日本の哲学業界では未だ一般的とは言えない。邦語論文誌を読むと私はしばしば、この風潮を残念に思うし、疑問にも思う。自分以外の日本人研究者がいないかのような姿勢で邦語論文を書く風潮は、先行文献の評価としても不当であるし、自らの首を絞めるものでもある。

の様相意味論上の回帰と見なすことができ、さらにそれは、*de re* 様相（ある事象についての必然性・可能性）に関するクリプキの著名な議論を、*de re* 信念（ある事象についての信念）の確実性に関するウィトゲンシュタインの考察に繋げるものとなっている。仮に自由とは諸可能性の一つを現実化させることだとして、可能性とはそもそも、私が時間の流れのなかにあることと不可分な何かなのか。それとも時間の流れと無関係な、無時制的で論理的な何かなのか。上記の通り、第三章は他章からある程度切り離して読むことができるが、同章を本書の「裏口」として読んだ場合、形而上学的に興味深い論点を他章にも発見できるに違いない。

最後の第四章では、まだ十分に論じきれていなかった自由の倫理的側面をとくに論じるが、おそらくその議論は、P・F・ストローソンの自由論（一九六二年論文）に似た場所から、ずっと遠い、より非人間的な場所へと、われわれを連れていくものである。その内容がもし妥当であれば、脳が人間の行為を決める――人間は脳に操作された「不自由」な存在である――といった俗流の図式は脳を擬人化するものであり、自由意志という幻想にむしろとらわれていると言える。そうした幻想を捨て去った自由と不自由の対立外にある世界を、同章では「無自由」な世界として描き出し、さまざまな検討を試みる。真に無自由な世界においては、未来の諸可能性の一つを自由に選びとる主体は存在せず、未来の諸可能性の一つを不自由に押しつけられる客体も存在しない。なぜなら、諸可能性の選択そのものが――そしてそれにまつわる「自由」や「不自由」が――その世界にはないからだ。

第四章第7節は本書全体のいわば総括であり、「自由」を人称的・様相的なアマルガム（合金）として提示しているが、これはつまり、「正常な人間」がその外に出られない「現実」の構造を描いたものである。同節に至るまでに私は各種「自由」論の長短を見ていくが、私はそこから単一の「自由」を──たとえば両立的自由と自由意志のいずれかを──真の自由として選出することはしない。単一の「自由」で自由の領域をすべて塗りつぶすのは無理であり、T・ホンデリックの表現を借りれば、〈頑強〉か〈狼狽〉の失敗を招く（↓第四章第8節）。むしろ私が試みたいのは、既存の諸説の対立を生み出す──そしてその対立を終わらせない──構造全体の把握であり、アマルガムとしての自由の提示もその一端としてなされるものである（同節のみを先んじて読んでも正確な理解は得られないだろうが、その点をおさえたうえでなら、同節を読んだのちその長い注釈として全章を読むのも、一つの有効な読み方だろう）。

（20） 青山［2011a］第七章や青山［2012a］第七章など。

第一章　分岐問題

1　導入

生きていくことは決断の連続だが、決断の瞬間は特定できない。ドストエフスキーの長篇小説『カラマーゾフの兄弟』に次のような場面がある。困窮した生活を送るスネギリョフ二等大尉は、二百ルーブルの紙幣を渡され、それが現在の自分にとってどれほど価値のあるものか、家族がどれほど助けられるのかを興奮気味に語るのだが、とつぜん紙幣を握りしめるとそれを砂場に叩きつける。アリョーシャは二等大尉の立ち去る姿を見ながら、こんなふうに考える。「あの二等大尉は、この百ルーブル札をもみくしゃにし、地面に叩きつけようなど、最後の一瞬まで思ってもみなかったにちがいない(21)」。

いったいこの二等大尉は、いつ紙幣を投げ捨てることに決めたのだろうか。二等大尉の思考の過程に決定的な瞬間があったのだろうか。いや、ドストエフスキーの巧みな描写に見られるように、そのような瞬間はどこにもない。フィクションだからないのではなく、むしろリアリズムの追求としてそのような瞬間はないのである。

二等大尉のケースでは、感情の振幅の大きさゆえにこのリアリズムがひときわ目につく。だが劇的ではないケース、ごく日常的なケースにおいても、決断の瞬間は特定できない。たとえば風邪をひいて、病院に行くかどうか迷っているとき。症状はどのくらいひどいか、予定は空いているか、評判の良い病院はあるか等々、いろいろな事柄が頭をよぎるが、最終的にどの時点のどの思考が決定的だったのかは明らかではない。どんなに強い思いを込めて「病院に行く」と宣言しても、どんなに深く考えて「病院に行くべきだ」と判断しても、結局は病院に行かないかもしれない。

話を進めるきっかけとして、少しだけ私的なことを書こう。私には子どものころ、次のような癖があった。自分が何かをする直前の様子を克明に――本当に克明に――思い出そうとする癖である。その内容は現象的なもので、そのとき見ていたもの、聞こえていたもの、考えていたことその他であり、私は半ば強制的にこれらの想起を繰り返した。いまから見れば分かるのだが、私はそうすることで、何が私を動かしたのか――他の行為ではなくこの行為をするうえで何が決定的だったのか――をつかもうとしており、それがつかめないことに異様な落ち着かなさを感じていた。

何か失敗をしたときに限って、この癖が出るわけではない。物事をうまくやり遂げたあとにも、あるいは何でもない行為――たとえば右足から階段を降りる――のあとにも、不意に強制的な想起が始まる。その経験から言えるのは、ありふれた行為でもそれを凝視するならば決定的要因は分からなくなる、ということだ。無差別殺人事件が起こるとマスコミはその動機の弱さに驚いてみせる。交通事故を起こしたドライバーはなぜ信号を見なかったのかと自問する。だが決定的要因が分からないのは、どんな行為も同じではないのか。事件や事故でもない限り（あるいは変わった癖でもない限り）、普通はよく見ないだけではないのか。

アリストテレスに遡《さかのぼ》る、いわゆる意志の弱さ（アクラシア）の問題――すべきことを知りながらしないことがなぜあるのか[22]――も、ふだんはよく見ない行為をよく見ることに由来する。すべきことをするときにも、すべきことをしないときにも、あることをすべきだという判断とその後の行動

(21) ドストエフスキー［2006］（原著初版1880）, p. 150.

(22) ここで問題とされている「すべき」が公共的・倫理的な「すべき」であり、さらに、利己心や快楽欲求のみをその阻害物と見なすなら、そこに哲学上の大きな困難はない。公共性・倫理性とは異なる観点における「すべき」があり、そちらをより優先したから――「倫理」の語義を拡張して同じことを言うなら、公的倫理より私的倫理（私のための倫理）を優先したから――公的には「すべきでない」ことをしたにすぎない。人間はしばしばそうしたことをするし、さらに私的倫理においては、遠い未来のために「すべき」ことより、目先の利益のために「すべき」ことを優先しがちなのも、よくあることだ。後者における「すべき」事柄は欲求の対象と同一視されてしまうこともあるが、具体的な行為の実践においては、後者の規範性はどこまでも消えない（すなわち欲求とは別の規範性が残る）。たとえば麻薬中毒の患者が麻薬摂取器具を準備することでさえ、非道徳的な目先の利益に関しては、その人物にとって「すべき」行為と見なしうる。器具を準備すること自体は、欲求の対象ではないからである。

のあいだには時間的／因果的な空隙がある（それは、サールの言う〈飛躍gap〉の一例に近い[23]）。だが、すべきことをしたときに、その空隙はほとんど顧みられない。すべきことをしなかったとき、そこに空隙のあることが初めて意識され、まるで、すべきことをさせなかった特殊な要因、たとえば不合理な欲求が空隙を作り出したかのように錯覚させられる。

　すべきことをしたときに空隙が顧みられないのは、すべきことをすることが普通、不都合を生じないからである。意志の弱さではなく欲求の弱さ――したいことをせずにすべきことをしてしまう――が哲学的に問題とされないのも、そのせいだ。もちろん、すべきだと判断したことをして結果的に不都合が生じることはあるが、その場合にもわれわれは、判断に従ったことが間違っていたのではなく、判断の内容が間違っていたと考える。すべきことをすること自体は、いわば定義的に「良い」のである。

　すべきことをしないことがなぜできるのかを問う前に、すべきことをすることがなぜできるのかを問うべきだろう。昨夜なぜ私は仕事をしたのか。仕事をすべきだと判断したから？　なるほど、しかし仕事をすべきだという判断が、いったいどのようにして私に仕事をさせたのか。いや、判断が私に仕事をさせたのではなく、その判断のもと、私が仕事をすることに決めたのだろう。これが、自然な表現であろう。それでは私は、仕事をすべきだという判断のもと、仕事をすることにいつ決めたのだろうか。

2　問題の構造

さまざまな歴史の可能性は、樹形図としてしばしば表現される。過去から未来に向かって枝が分岐していく樹形図として。樹形図上のどの時点から見ても過去の歴史は一通りだが、未来の歴史はいくつもある。人間は決断をすることによって、このたくさんの可能性の枝から、ただ一つの現実の枝を選択していくように見える。でも、それは本当だろうか。もし人間の決断によって枝が選ば

（23）〈飛躍 gap〉の基本的な所在は次の三つの現われ方に示される、とサールは述べる。本節で「空隙」と呼んだものは、このうちの第二の例に近い。「第一に、合理的な意思決定において、意思決定は事前の意図の形成にあるが、このとき熟慮の過程と意思決定そのもののあいだに、飛躍が存在する。第二に、ひとたび何かをしようと決心しても、つまり事前の意図が形成されても、事前の意図と、行為内意図が始動して行為が実際に開始されることのあいだに、飛躍が存在する。そして第三に、私がいまこの本を書いている場合のように、時間的な延長を持った一連の活動が行われるときには、行為を遂行しようという事前の意図や行為内意図の形をとる原因と、複雑な活動を完了に至るまで実際に実行することのあいだに、飛躍が存在する」（Searle［2001］, 邦訳 pp. 64–65 より引用。原著 pp. 62–63）。以上の指摘は頷けるものだが、残念ながら Searle［2001］最終章でのサールの自由意志論――「飛躍」の分析を土台とした議論――が実質的に何を述べているのか、率直なところ私には判然としない。同書の訳者の目から見ても、それは「たいへん困難な」議論であるようだ（塩野［2008］, p. 347）。なお、「飛躍」と関連深い観点からアクラシアについて論じた著書としては浅野［2012］が、通時的な合理性の観点からアクラシアを論じた論文としては柏端［2008］がある。

れるのだとしたら、その瞬間は樹形図のどこにあるのか。

実際の経験を振り返ると、こんなふうに言いたくなる。「私が病院に行ったのは、熱が三十九度を超えたからだ。体温計を見た瞬間、私は病院に行く決断をして、その後すぐに家を出た。まさにあの瞬間に、病院に行く歴史が選ばれたのだ」。体温計を見た瞬間が、決断の瞬間だったとしよう。その瞬間をきっかけとして、病院に行く歴史は現実になった。そちら側の歴史の枝が、現実の枝として選ばれた。こう考えるとき、決断の瞬間は、病院に行く歴史と行かない歴史との分岐点にあるように見える。

だが、この考えはうまくいかない。枝分かれしたどちらの歴史にも、分岐点は含まれているからだ。「病院に行く」歴史Aと「病院に行かない」歴史Bはどちらも、それらの歴史の分岐点を歴史の一部として共有している（図1）。だから、この分岐点上でのある決断――決断Xと呼ぼう――によって歴史Aに進むことはありえない。

決断という出来事がいかなる種類の出来事であれ、分岐点上のすべての出来事は両方の歴史に存在している。「決断Xによって病院に行った」「決断Xなしには病院に行かなかった」――こう言うことが可能になるのは、決断Xが分岐点よりも後に、つまり歴史Aのほうだけに存在する場合だろう（図2）。ところがこの場合には、次のことを認めなくてはならない。決断Xは結局、歴史の選択に関わっていないということを。なぜなら、決断Xが実現したのは、歴史Aがすでに選ばれた後だからである。

図2における決断Xは、反事実条件分析を満たす狭義の「根拠」ではあっても、時間的推移のなかで諸可能性の一つを選ぶ力はもたない(24)。時間的推移に配慮するなら、歴史Aの実現——とりわけ分岐点と決断Xのあいだに位置する諸出来事の実現——によって決断Xは実現したのであり、決断Xの実現によって歴史Aが実現したのではない。出来事Xの時間的位置を分岐点にどれほど接近させようと、やはり状況は同じである（例外的に見えるモデルは本章第3節にて検討）。

歴史の分岐という考えは、じつはたいへんに謎めいている。それが分岐であるからには、分岐後のどの未来から見ても、分岐点までの歴史は同一のはずだ。しかし同一の歴史から、いったい何を根拠にしてその後の歴史が選ばれるのか。無根拠な歴史の選択は、選択というより偶然にすぎない（→本章第5節）。だが決断のような狭義の「根拠」は分岐後の歴史にしか見当たらず、しかもそれは歴

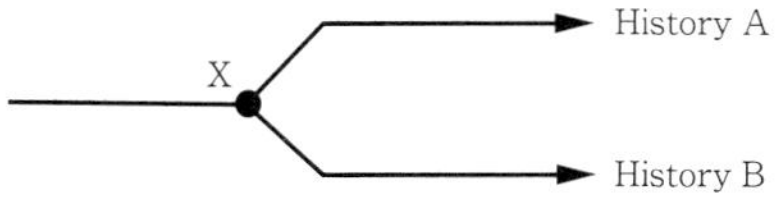

図1

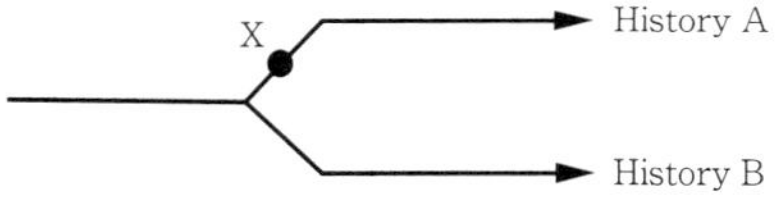

図2

(24)　このことはもちろん、反事実条件分析における諸根拠を「原因」と呼ぶことを妨げないし、そうした諸根拠を、ある単一の出来事にとっての複数の原因として理解することも妨げない。重要なのは、分岐問題にて問われる「要因」がそうした諸根拠と大きく異なり、「時間的推移のなかで諸可能性の一つを選ぶ」ものであるべき点である。反事実条件分析を満たす原因は、無時制的かつ決定論的な世界においても確保しうるが、分岐問題にとっての要因はそうではない（McTaggart［1908］; Horwich［1987］, ch. 2）。

史を選ぶものではない。それでは人間は――あるいは後述のように「自然」は――どのようにして歴史を選択するのだろうか。

この問題は明快なものに見える。それが問題であることが、すんなり認められるという意味で。とはいえ、版画の多色刷の過程を逆回しするように、重なり合う複数の問題を一つひとつ剝がしていくなら、明快に見えたこの問題は違った顔つきを見せるだろう。

最初にはっきりさせたいのは、これが意思決定に固有の問題かということだ。選択の瞬間の不明瞭さは、意思決定の特殊性に由来する問題なのか。そして、たとえば物理的な（そして十分条件としての）原因から心理的な（そして十分条件ではない）理由を区別すれば解消される問題だろうか。あるいはベルクソンに倣って図1のような図示（空間化）を拒み、自由な経験の質感を見れば解消される問題だろうか。[25]

そうではない。この問題はずっと一般的なものだ。決断Xの代わりに任意の出来事Xを置いても、同じ問題が発生する。出来事Xが分岐点上にあるなら、出来事Xによって歴史Aが選ばれたと言うことはできない。なぜなら、その出来事Xは歴史Bにも含まれるのだから。そして出来事Xが分岐点より後にあるとしても、出来事Xによって歴史Aが選ばれたとは言えない。出来事Xは、すでに歴史Aが選ばれた後に起こったのだから。

分岐点での歴史選択の問題は、意思決定の場面に限らず、可能的な歴史が選ばれるあらゆる場面で発生する。本書では、これを「分岐問題」と呼ぼう。未来に向かって分岐する可能的な複数の歴史から、現実の歴史が選ばれるのはいかにしてか。その要因の時間的位置は——もしそのような要因があるとすれば——どこか。樹形図上を「今」が推移するに伴い、さまざまな可能性から一つの現実が一瞬ごとに選ばれるのだとすれば、分岐問題は毎瞬、発生していることになる。(26)

3 準備的応答

上記の問題提出に対する、よくある応答をいくつか見ておこう（やや細かい論点も含まれているので、次節以降を先に読まれてもよい）。

(25) ベルクソン［2002］（原著初版 1889），第三章。

(26) 時間の動性を仮に認めたとして、それを「動く今」として表象することには多くの反発があるだろう。しかし本書ではあえてこの点にこだわらず、分岐問題の提示に際して、「動く今」の表象を自由に用いた。補論1にある通り、時間の動性の表現は何らかの比喩（性質的・空間的変化の比喩）に依存せざるをえず、その比喩にはつねに限界があるが、このことは「湧出」や「生成」といった表現——「動く今」を拒否する人々が好む表現——にも、まったく同様にあてはまる。それゆえ本書では、こうしたいわば表現上の議論から距離をとり、「動く今」に素朴に言及することで、本書の焦点はそこにはないことを示した。もちろん、このことは問題自体の消失を意味せず、「動く今」の表象化への批判はそれ自体として深められるべきものである（この課題については幸いにも、邦語文献の豊かな蓄積がある。たとえば中島［2002］，植村［2002］，中山［2003］，永井［2004］，入不二［2007］，伊佐敷［2010］など）。

決断Xや出来事Xを時間的な幅をもったものとしても、本質的な問題は変わらない。たとえば、主観的な「今」に五百ミリ秒ほどの時間幅を与えてみよう。そして、ある「今」における決断／出来事としてのXがその時間幅をもつとしても、分岐問題が解消することはない。そのときXは分岐点の前後に広がりうるが、なぜ歴史Bではなく歴史Aのほうが現実の歴史となったのかについて、Xの広域性は何も答えてくれない。

もし、分岐点以前のXの部分があることでXの残りの部分が実現することが定められているなら、歴史Bへの可能的分岐は本当は実在しないのであり、歴史A以外の歴史への分岐点はXの先端より前にあることになる。他方、歴史Bへの分岐が本物だとすれば、分岐点以前のXの部分とまったく同じ部分的内容をもつ――しかし全体としては別の存在である――出来事Yが分岐点の前後に広がっていることになる。このとき、YではなくXが実現した理由は、歴史Bではなく歴史Aが選ばれた理由として、ふたたび分岐問題のもとで論じられるだろう。

あるいは、時間が最小単位としての幅をもつと仮定し、図1のような時間の分岐図は、そうした単位時間の非連続的な集まりから成る――ちょうど図1を実線ではなく点線で描いたかのように――と考えても、分岐問題は消失しない。歴史の単線部分から複線部分への移行においては、時間がたとえ非連続的であろうと、歴史の選択の問題が現れる。ある単位時間のあとに、可能的な二つの諸単位時間のどちらが実現するのか――その選択もやはり無根拠ではないのか――というかたちで。

図1に対しては、Xを歴史Aのみに含め歴史Bには含めないかたちでの、時間軸の切断が試みられるかもしれない。時間軸を実数と同様の連続性をもったものと仮定して、図1を三つの部分から成る図3のように改変してみよう。それぞれの部分を「共有部分」「歴史A専有部分」「歴史B専有部分」と呼ぶなら、共有部分の未来側は開いており（最大元をもたない）、歴史A専有部分と歴史B専有部分の過去側は閉じている（最小元をもつ）。Xは歴史A専有部分の最小元に位置づけることができ、他方、歴史B専有部分はXを含まないことが求められる。このとき注意が必要なのは、歴史B専有部分がXと同時の点（歴史B専有部分の最小元）を含むことであり、[27] さらに、そこにはXと排他的な——Xと同じ時空的位置に共存することが不可能な——何らかの出来事Yが存在していることである。

Xの位置する時点を「分岐点」と呼べるか否かは、微妙な問題であろう。そう呼ぶことを仮に認めたとしても、歴史Aのみに「分岐点」を含めることは不

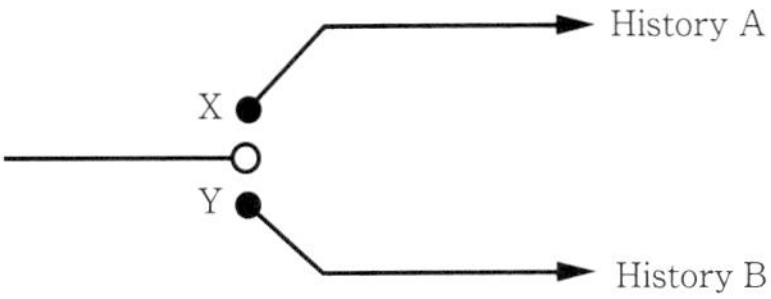

図3

(27) そうでなければ、歴史Bは実数と同様の連続性をもてない。(*A*, *B*) が実数の切断であるとき、*A*と*B*の境界の元は、*A*の最大元である（かつ*B*は最小元をもたない）か、*B*の最小元である（かつ*A*は最大元をもたない）かのいずれかである。なお、図1や図2の議論においては——図3と対照的に——共有部分の未来側が閉じており（そしてそこに分岐点があり）、歴史A専有部分と歴史B専有部分の過去側が開いている場合が検討されていたと考えてよい。だからこそ、分岐点上にXを置くことは、歴史Aと歴史Bの双方にXを含めることを意味した。

合理であり、歴史Bにも――Xではなく Yが位置する――「分岐点」を含めざるをえない。この意味での「分岐点」は独立に二つ在るのであり、それは図1における単独の分岐点（共有部分の最大元）とは異なる。図3は図1と似て非なる描像であり、図3では、あちらの「分岐点」ではなくこちらの「分岐点」がなぜ実現したのかというかたちで、分岐問題が問われることになる。

図3におけるXは歴史A専有部分の「始点」にあり、それゆえ図2のように、歴史Aが選ばれた後にXが実現したとは言えない。しかしそのことをもって、Xによって歴史Aが選ばれたと述べることにも困難がある。仮のモデルにすぎない図3がどの程度――たとえばその連続性について――物理的に妥当かという問題はおくとしても、Xの実現は明らかに歴史Aの偶然的選択と同義であり、なぜYではなくXが生じたかについて実質的には何も述べることができない（「偶然によって」という言い方にさえ、じつは微妙な問題がある。第二章第7節で見るように、「偶然」は時間軸上の何らかの出来事ではありえない）。

次の点もおさえておこう。図1のような時間の図示が、未だ存在しないものとしての未来の非決定性を取り逃がすという批判について。こうした批判は、単線による過去‐未来の図示に対してよくなされるものだが、しかし、本章で見ていくような時間の分岐図に対して、同じ批判は当てはまらない。なぜなら、これは可能性の分岐図だからだ。未来の非決定性は――仮にその非決定性を認めるとしても――多様な可能性のどれが実現するか分からないというかたちで理解すべきものであり、諸可能性のそれぞれの内容が定まっていることを否定するものではない。

ここでは、可能的歴史の内容が形而上学的に思考されている。つまり「病院に行く／病院に行かない」のような荒い言語的弁別は、それぞれの可能的歴史への、認識論的興味からのラベリングにすぎない。歴史Aや歴史Bは、これらのラベルには記載されていない細部——たとえば何歩で病院に着いたかなど——をもっており、だからこそ完全性をもった個々の世界である。完全性をもっているとは、つまり、任意の命題に関してその真偽が定まっているということだ。

先述の通り、諸可能性の内容が定まっていることは、未来の非決定性とは独立であり、未来の真理値の実在論を前提とするものではない。また、可能的なある未来において、この現実の、現在の言語では指示不可能な対象（まだ存在しないがゆえに）が存在したとしても——とりわけ固有名との関連において——本章の議論には抵触しない。[28] ある可能的歴史の内容は、その歴史内部での言語に

(28) この論点自体は興味深いものであり、野矢［2004］や田島［2006］等においても優れた考察が展開されている。なお本節の拙考に反して、言語は歴史眺望的ではありえず、つねに現在において、それゆえ、未来については指示不可能な対象をもつかたちでしか使用できないと仮定しても、そのことで分岐問題のすべてが解消しないことは明白だろう。たとえば、いま私が目の前の水を飲むか飲まないか、といった未来選択の場面において、この二つの（あるいは二集合の）諸可能性の選択を現時点において言語化することは十分にできるし——未来の固有名などにふれずとも——、だからこそわれわれは言語を用いて日々の選択を行なえている。なお、未来の（現在はまだ存在しない）対象の固有名が現在の言語に含まれないことから、未来の世界の非決定性をただちに導くのはナイーブであろう。たとえわれわれが固有名で（クリプキ流の）直接指示を行なっていると仮定しても、そうした人間の言語的実践から、世界が一般名で指示不可能な基礎的対象

よって命題化できればよいのであり、その言語は当該の歴史全体を眺望した観点からのものであってよい。話者の認識的・言語的限界によって拡大・縮小する――時制的にであれ人称的にであれ――いわば心理主義的な様相はここでの争点ではないし、仮に様相とはその種のものにすぎないなら、分岐問題もはじめから問題にならないだろう。なぜならその場合、様相とは話者の無知ゆえのおしゃべりにすぎず、世界の実像は決定論的である、と述べてもとくにかまわないからだ（同様の理由から、法則的決定論は過去に対してしか適用できない――生成しつつある現在や未来には適用できない――という主張を認識的限界のもとで述べたとしても、やはりここでの争点には関わらない。なおその種の議論には、物理法則の時間対称性への考察も欠けている）。(29)

歴史の言語的弁別における認識論的ラベリングの問題は、第三章第6節で改めて論じる。この第一章を読む限りにおいては、図1のような分岐図における二叉の歴史を、二つの個別的な歴史を表したものと考えてもよいし、二つの歴史の集合を略記したものと考えてもよい。つまり、病院に行く歴史と行かない歴史はそれぞれ無数のバリエーションをもつが――百歩で病院に着く歴史と百一歩で病院に着く歴史のように――そうした無数の可能的歴史が、病院に行くか行かないかという二分のもとで略記されているものとして。だから図1のような二叉の分岐図は、実際には百叉であっても千叉であってもかまわない（本章では簡便のため、実際に二叉であるかのように論じる）。いずれにせよ重要なのは、どの個別の可能的歴史も完全性をもつことである。

非空間的な（すなわち持続的な）自由の経験は空間化された描像では捉えられない、というベルクソン風の主張を仮に認めたとしても、そのことから、図1のような空間化自体を退けることはできない。分岐問題を形成しうるに十分な「略記」で可能的歴史を概念的・言語的に空間化できること（たとえば病院に行く可能性と行かない可能性の分岐を描くこと）は、現実での自由の経験のすべて——とりわけその動的な質感——を空間化できないことと矛盾しないし、後者の指摘によって分岐問題が解消することもない（自由の経験のすべてが付加されれば歴史は決定論的になる、という瑣末な解消法を除けば）。そして私の見るところ、ベルクソンの語る「自由」は人格（過去の人生の履歴）の表現・投企としての自由であって、未来の非決定性と直接関係はしない。というのも、そこで重

を——たとえば粒子の配置によっては絶対に表象できない対象を——必ずもつことは導かれない。

(29) 一例として、中島［2011］, pp. 154-165を挙げておく。ただし、同書第三章でのカント自由論解釈は出色であり、二世界説（現象界と仮想界との）における事後遡及的な責任帰属のための「お話」としてのみ理解されがちなカント自由論に、新たな光を投げかけている。具体的には、そうした「責任論的解釈」に対抗しうる「実在論的解釈」——実際に行為に働きかけるものとしての理性（的存在者）の擁護——が、「第三アンチノミー」における「宇宙論的理念の解決」から丁寧に引き出されており、その議論は、カント自由論への私の不十分な認識を改めさせるものであった。しかし一方で、そうした実在論的解釈もまた、責任帰属のための壮大な「お話」ではないかという印象をぬぐい去ることもできない。というのも、この世界は責任帰属や道徳的実践が——カントの考える意味での！——可能な世界でなければならない、という願望込みの前提を取り払ってしまえば、実在論的解釈の論拠は薄弱であり、究極的には、「行為がまさに生起しつつある根源的「いま」」は「超時間的な仮想界のいわば時間的な反映」であり、しかもそのことは「誰も（行為者自身も）認識できない」との形而上学的仮説から、すべての力を得ているからだ（pp. 143-144）。

要なのは「作品と芸術家とのあいだに時に見られるあの定義しがたい類似」が、行為と人格全体とのあいだに存在することであり[30]、それは決定論的世界においても十分に成立可能だからだ[31]。

分岐問題とは何かについて、もう一点だけおさえておこう。分岐問題は、同一性についての分裂問題――何かが複数に分裂したとき、どれが分裂前と同一のものかという問題――ではない。分岐点において、これまで単一だった歴史が複数に分裂するわけではないし、複数に分裂した歴史のうち、どれがこれまでの歴史とつながっているか（同一であるか）が問題なのでもない。可能性の樹形図における分岐が可能的な分岐である以上、文字通り、分岐後の歴史はどれも分岐前の歴史とつながっていることが可能である。歴史は可能性として「分岐する」のであり、実在として「分裂する」のではない。今後私は一貫して、「分岐」を可能的な意味で、「分裂」を実在的な意味で用いる。

4　作用と決定

いま宙を舞っている枯葉は、いったいどこに落ちるのか。枯葉の落ちる経路にどれほど多くの可能性があっても、現実には、ただ一つの経路が選ばれるはずだ。もちろん、枯葉自身がその選択を行なうわけではない。枯葉は意思決定などしない。それでも、枯葉が実際に落下する際には、何らかの仕方で、ただ一つの経路が選ばれている。では、そのただ一つの経路はどのようにして選ばれるのか。

枯葉の落下経路は何ものかによって選ばれるのではなく、自然法則によって決められるのだ、と言いたくなる。しかし、歴史の分岐点において自然法則が歴史を「決める」という言い方には注意が必要だ。自然法則を決定論的なものと考えるなら、分岐問題は無化される。後述の通り、分岐後にどちらへ進むのかが決められているからではなく、あらかじめ、すべての分岐が失われることによって。あるいは、自然法則を確率論的（非決定論的）なものと考えるなら、分岐問題は手つかずのままに残される。いずれにしても、分岐点において自然法則が歴史を「決める」ということはない。

自然法則が、枯葉の落下経路をただ一つに決定するとしよう。ここで言う「決定」とは、今後の枯葉の落下経路を、これまでのデータ――枯葉や周辺環境のデータ――と自然法則を組み合わせて導くことができるという意味だ。たとえば古典物理学（ニュートン力学から相対性理論までを含む）では、ある時点の世界のデータと自然法則があれば、原理的に――人間の計算能力や測定能力の限界は無視する――どの時点の世界のデータでも算出できる。今この瞬間のデータがあるなら、枯葉が十秒後にどこにあるか、百秒後にどこにあるか、それどころか、千年後に（枯葉を構成していたそれぞれの原子が）どこにあるのかも、きちんと求めることができる。

（30）　ベルクソン［2002］, pp. 191–192.
（31）　上記のベルクソン解釈においては、ベルクソン［2002］の訳者解説である平井［2002］から多くの示唆を得た。ただし本節での解釈に誤りがあった場合、その責任はもちろん筆者にある。

この場合、分岐問題はどうなるのだろうか。枯葉が私の靴の上に落ちる歴史と、別の場所に落ちる歴史とを考えてみよう。この二つの歴史の分岐点が、今この瞬間にあると仮定する。上述の通り、現在の世界のデータと自然法則の組み合わせによって、どちらの歴史が現実になるかは完全に決まる。だがこのことをもって、今この瞬間、分岐した枝の選択がなされたと考えることはできない。なぜなら現在の世界のデータは、より過去の世界のデータ（と自然法則）によって決まるからだ。そして、この過去への遡及はいつまでも止まることはない。現在のデータが一秒前のデータによって決定されていると言おうとしても、その一秒前のデータもまた、より過去のデータによって決定されている。もし世界に誕生の瞬間があるなら、過去への遡及はその誕生の瞬間にまで至るだろう。そして世界誕生時のデータと自然法則があるなら、その後のどの時点のデータも決定されるということになる。

この過去への遡及によって、分岐点の位置もまた、どんどん過去に移されていく。現在のデータが一秒前のデータによって決まるのなら、現在における分岐は真の分岐ではなく——そこで可能な枝とされていたものは、現実に選ばれる枝を除き、どれも可能なものではなかった——ひとまず一秒前の時点に分岐点が求められるだろう。だが、一秒前のデータがより過去のデータによって決定されているのなら、分岐点はさらに過去へ移ることになり、結局は世界の誕生時に行きつく。

それでは真の歴史の分岐は、世界誕生の瞬間にあるのか。世界が誕生する瞬間に、可能なたくさんの初期状態のうちのただ一つが選ばれるのか。もしそのように考えるのなら、分岐ということが意味を失う。世界が誕生するよりも過去の世界というものはないからだ。分岐という考えが意味をもつには、ある同一の世界から、それぞれに異なる可能な世界への変化が考えられるのでなければならない。

われわれの住むこの世界の初期状態をS_1として、その他にも、S_2を初期状態とする世界が可能であったとしよう。このときS_1とS_2の分岐点を考えることは、世界の始まりの前に時間を遡ることであり、定義上不可能なことである。それでもなお、ここに選択を見ようとするなら、それはもはや時間的な選択ではない。あくまで分岐という描像を採るなら、それは時間外部での分岐——きわめて理解困難なもの——であらざるをえない。

初期状態S_1に続く歴史と初期状態S_2に続く歴史は、それぞれの歴史の内部に可能性の分岐をいっさい含まない。歴史上のすべての出来事は、初期状態と自然法則によって決定されている。一方の初期状態を選ぶことはその歴史全体を選ぶことにひとしく、また、歴史全体を選ぶことなく初期状態だけを選ぶことはできない。つまりこれは、世界の誕生時においてどちらの初期状態を選ぶかという話ではなく、時間とはまったく無関係に、どちらの全体を選ぶかという話なのである。だから、ライプニッツをまねて神の創造という比喩を使うなら、神が最初の世界を創りドミノ倒しのようにその後の歴史が進行した、と考えるべきではない。そうではなく、神は歴史の全体を一挙に創造した——歴史の時間の外部において非時間的に創造した——と考えなくてはならない。これが、非時間的な選択ということの意味である。

自然法則の決定性をここまで強く認めると、歴史の可能性の分岐という見方は、はじめから成立しなくなる。可能性というものを未来向きの分岐によって考える理由が失われるからだ。もし、この歴史のほかに可能な歴史があるとすれば、それは過去において枝分かれした歴史ではなく、この歴史とはまったく別ものとして想定された、独立の単線の歴史である。だからもちろん分岐問題は発生しない。どの枝が選ばれるのかが決められているからではなく、個々の歴史の内部には枝がもともとないからだ。

物理学の基本法則は時間対称的である——その法則下にて生じうる現象は逆の時間方向にも生じうる——とされる。[32] この物理学的な事実は、上述の結論をさらに強化する。私はさきほど、こう書いた。「今この瞬間のデータがあるなら、枯葉が十秒後にどこにあるか、百秒後にどこにあるか、それどころか、千年後に（枯葉を構成していたそれぞれの原子が）どこにあるのかも、きちんと求めることができる」。物理法則の時間対称性を考慮するなら、続けてこう言うことも許される。今この瞬間のデータがあるなら、枯葉が十秒前にどこにあるか、百秒前にどこにあるか、そして千年前にどこにあるかも、きちんと求めることができる、と。

ある時点のデータから未来のデータが決定されるように、ある時点のデータから過去のデータも決定される。ということはつまり、初期状態に限らずとも任意の一時点のデータさえあればそこから歴史の全体を算出できるということである。だから、たとえば今この瞬間の世界のデータが定まっているなら（そのデータをだれも知らないとしても、実在論的に定まってさえいれば）、歴史全体のデータも定まっていることになる。

ここまで来れば、可能性を分岐で考えないことの意味がよりはっきりするだろう。もはや初期状態の選択を「時間外部の分岐」として――そのような謎めいたものとして――理解する必要もない。初期状態は歴史の他の状態に比べて、何の特権性ももたないのだから。可能な他の歴史とは、現実の歴史のある時点（たとえば世界誕生の時点）で選ばれたものではなく、たんにこの歴史とは違う別の歴史なのである。

これは、時間非対称な因果的見方との決別でもある。あらゆる出来事にはより過去に原因となる出来事があるという見方は、因果的な決定が未来向きにのみ成り立つことを前提としている。時間対称的な決定性を、こうしたイメージのもとで捉えてはならない。とくに、過去から未来へと向かう因果的な作用のイメージのもとで。いま考慮されているのは、任意の二時点のデータ間につねに、どちらからでも他方を導くことのできる法則が成立している、という状況である。こうした法則が成り立っているとき、ある時点から別の時点への作用という発想は余計なものだ。すべての時点は、他のすべての時点と時間対称的な決定関係をもつのであり、ある特定の諸時点のあいだに一方向的な作用を認める必要はない。

（32） 基本法則の時間対称性は、ニュートン力学から相対論までを含む古典力学においてとくに明らかであるが、量子力学にも認めうること――きわめて有力な解釈であること――が多くの論者に指摘されている（渡辺［1987］, Price［1996］, プリゴジン［1997］, 森田［2011］）。

それゆえ、もはや「決定」という表現も誤解に注意すべきものとなる。「選択」という表現がそうであるように、「決定」という表現もまた、一方から他方への作用を思わせるからだ。時間対称的な決定性のもとで、「世界の初期状態によって現在の世界の状態が決まる」という言い方を認めるのなら、「現在の世界の状態によって世界の初期状態が決まる」という言い方も、まったく同様に認めなくてはならない。もし後者に違和感があるなら、それは、「決まる」ことを「決める」ことと、つまり、決定関係の成立を因果的な作用——時間的な一方向性をもった——と混同しているためだ。

5 多世界説

同語反復的であるが、確率的法則は、将来どのような出来事が起こるかの確率について教えてくれる。明日晴れる確率は八〇パーセントだ、というように。しかし、さまざまな確率を割り当てられた諸可能性のうち、たった一つの現実が——ある一度限りの生成として——どのように選ばれるのかについては教えてくれない。むしろ、何らかの理由による選択という見方が、ここでは退けられている。

十個のサイコロを振り、すべて1の目がそろう確率はごくわずかだが、現実にそうした目がそろうときにはそろう。ではたくさんの可能性のなかから、この珍しい可能性が現実のものになった理由は何か。確率論的な観点に立つなら、もはやこの問いには答えようがない。九鬼周造の次の一文を見よう。「偶然性は科学の原理的与件となることはできても、まさにその偶然性そのものによって、科学には対象として取り扱えないという根源的性格を有ったものである」[33]。九鬼はここで、科学はまだ偶然性を解明できていないと述べているのではない。そうではなく、偶然性を解明の対象とならない与件として受けいれることで、確率論的な科学は可能になると述べているのである。

このことはもちろん、自然現象や人の性格について、確率的法則が多くを教えてくれる事実と矛盾しない。そして、ある一度限りの諸可能性の選択が偶然によってなされることは、その選択の結果が、事前の事柄と何らかの整合性をもつこととも矛盾しない。たとえばR・ケインの事例では、ある女性が二つの行為（重要な会議に出るか、犯罪を防ぐか）のあいだで迷い、非決定論的な偶然によって一方の行為をなすが、どちらの行為もその行為以前の彼女の意志と整合的なものである[34]。それゆえ、その行為の選択自体はまったくの偶然に依存しているが、しかしその選択の結果は過去との整合性をもち、でたらめで不合理なものではない。分岐問題における「偶然」とは、一回ごとの選択の無根拠さをもちながら、いま述べた意味での法則性や整合性をもちうる——そして反事実条件分析を満たす「根拠」とも共存しうる——ものであり、たんなるでたらめとは異なる。

さて、確率的法則の成立がたんに認識論的なものではなく——決定論的な世界が人間には確率的

(33) 九鬼［2012］（初版 1935）, p. 15.
(34) Kane［1999］, p. 225.

に見えるというだけではなく――世界の実在的あり方に関わっているとすれば、分岐問題への返答はおのずと限られてくる。単純に言って、ここには二つの返答しかない。第一の返答は、確率的な出来事の生起は偶然によるものであり、いかにして一つの可能性が選ばれるのかは説明不可能である、というもの。これは九鬼の引用を交えてさきほど述べた考えに近い。ここで言われる「偶然」とはもちろん、一回ごとの生成における無根拠な選択のことにほかならない。

確率因果(probabilistic causation)の概念は有益なものだが、それもまた、いま確認した返答を直接否定するものではない。まず、確率因果は単称因果ではなく全称因果のみに関わるという有力な見解があるが、分岐問題は――上述の通り――単称因果に関わるものである。そして、ある単称因果のケースに仮に確率が付与できたとしても、一回ごとの生成に関しては説明のできない選択が残る。つまり、そのケースの各選択肢にいかなる確率付与がなされたとしても(0と1は除く)、ある一回の選択においてはどの選択もなされうるのであり、実際になされた選択に関してその理由を述べることはできない。

先の前提における分岐問題への第二の返答は、可能性としての歴史はすべて実在する――そのうちの一つだけが選ばれることはない――というものである。私はこちらの返答を、量子力学解釈などの特定の文脈に依拠することなく、広い意味で「多世界説」と呼ぶことにする。可能性の樹形図を思い出してほしい。多世界説によれば、あの樹形図に描かれた歴史は、どれも同等に実在する。つまり可能性の樹形図と見なされていたものは、実在の樹形図だったのである。病院に行くかどうかの例で考えるなら、歴史Aと歴史Bはともに実在し、歴史Aには病院に行っている私が、歴史Bには病院に行っていない私が存在している。多世界説が正しいなら分岐問題は生じない。分岐点においてどちらかの歴史を選択する必要がなくなるからだ。

しかし、それでもなお、分岐点から歴史は二つになるのだからどちらかを選ばなくてはならないと言われるかもしれない。そして、どうしても選ばないのだとすれば、その両方を選ぶ——そうすることでどちらか一方を選ばない——ために「今」は分裂しなくてはならないと。この考えには混乱があるが、もとを辿れば、多世界説を樹形図で表すことに無理がある。歴史Aと歴史Bがそれぞれ実在するのなら、それは樹形図ではなく図4のような二つの単線で表されるべきだ(35)。樹形図において単線に見えている「共有部分」は、歴史Aと歴史Bの内容的な重複部分である(36)。つまり、性質的な内容は一致していても、個別的な実在としては別ものである。だから分岐点においてとつぜん歴史が分裂したわけではな

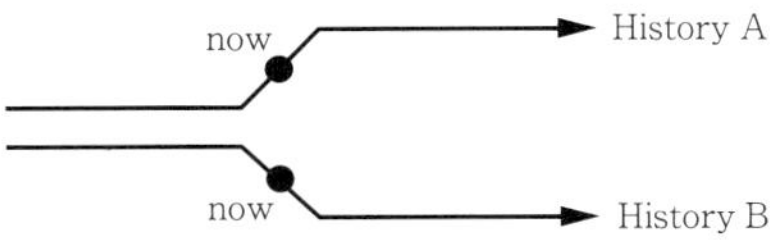

図4

(35) Lewis [1981] および Horwich [1987], ch. 10を参照。

(36) 図3について、この意味で歴史が「共有」されたなら、二つの歴史専有部分の始点が「同時」と形容される理由も、歴史の質的同一性——やはり数的同一性ではなく——に求めることができるだろう。たとえば、同質の時計がそれぞれの始点で同時刻を指している、というような。こうした可能世界間の「同時」性とタイムトラベルの関係については、青山 [2011a] 文庫版補章で論じた。

いし、それまで単一だった「今」が二つに分裂したのでもない。歴史は独立に二つあり、もしも「今」というものが存在するならば、「今」も独立に二つある。

もしこのように考えず、分岐点において歴史が分裂する――世界が二つになる――と考えるなら、基本形としての多世界説に維持困難な装飾が付け足されている。そもそも「世界」と言うことで存在するものの全体を表しているなら、ある時点でそれが二つになるとは、どういうことだろうか。全体が複数化することなどできるだろうか。そしてここには、より難しい問題がある。歴史の分裂に伴って「今」も分裂するのだとすれば、それはどのようにしてか、という問題だ。

時間を樹形図で表現するとき、その図は当然のことながら、時間の樹形性を表すものでなければならない。だが樹形図はどうあがいても、空間的な一定方向への樹形性を表したものにすぎない。図1と同型の樹形図で言うなら、右の方向が未来の時間的方向として理解されてこそ、それは時間の樹形図となる。だから時間の樹形図には、その樹形表現とは別に、空間のどの方向を時間的な方向と見なすかについての根源的な時間の矢が隠されている。[37]この矢の単線性があるからこそ、われわれは樹形図を見て時間的な分裂を考えることができる。分裂するものがたとえ「今」であっても、この事実は揺るがない。「今」が時間的に分裂するには単線の時間が必要であり、そこでは分裂を意味づけるための分裂しない「今」が要求される。歴史Aに進んだ「今」と歴史Bに進んだ「今」が分裂後もともに未来に進むのは、この分裂しない「今」の単線的な進行による。

その意味で「今」はけっして分裂しない。二つの歴史上を移行する単一の「今」があるだけだ。

このことの明快な描像は次のようなものだろう。図1と同型の樹形図上を右方向に向かって垂直線が移動する。この垂直線と歴史の交点が「今」の時点を表現する。「今」は歴史の分裂以後、二つに分裂するように見える。しかし、この分裂を意味づけ、分裂後も「今」の足並みをそろえさせるのは、垂直線の単一性――すなわち「分裂しない今」の単一性――なのだ。

歴史は分裂するが「今」は分裂しない、という折衷案は役に立たない。これは明らかな分岐問題への逆行であり、多世界説の最大の長所――分岐問題の回避能力――を台無しにするものである。というのも、どちらか一方の歴史のみに「今」が進む理由を明らかにしなければならないからだ。また、この折衷案に対しては、こう問うこともできるだろう。「今」が分裂することなく、どちらかの歴史のみに進むのならば、どうしてそれは時間的な分裂なのか（「今」が進まなかったほうの歴史はなぜ「未来」と言えるのか）。根源的な時間の矢は、ここでもやはり無視されている。

多世界説を採ることで分岐問題を回避しながら、なおかつ歴史の実在的分裂を認めることは、問題をただ複雑にする。そのことがどんな混乱を生むかを、われわれはいま確認してきた。多世界説の描像として樹形図に固執するよりは、時間や「今」の複数化を問題として直視するためにも、図4を採用したほうがよい。図4の単純な描像のもとでは、二つの時間や二つの「今」を、さらに時間的に比較することはできない。二つの歴史は、因果的な断絶にとどまらず、時間的にも断絶して

（37）青山［2011a］第六章を参照。

いる。にもかかわらず歴史Aと歴史Bが重複部分をもつのは、時間的な重複性によってではなく内容的な重複性——歴史内容の性質的な同一性——によってだ。

次の論点を付け加えておこう。樹形図による多世界説の図示は、歴史の内容的重複部分を一本の線に略記する（重ね描く）ことでなされた。重複部分は過去にあり、非重複部分は未来にある。そのため樹形図への略記は、未来への分岐のかたちをとる。では逆向きの分岐はないのだろうか。つまり、重複部分が未来にあり、非重複部分が過去にあるということは。

こうした逆分岐がない（あるいは、めったにない）のだとしたら、それは重要な事実である。可能的な分岐のこの非対称性は、時間の向きについての諸理論（いわゆる時間の矢についての諸理論）と密接な関係をもつだろう。たとえば因果や知識などの時間非対称性が、可能・必然といった様相概念のもとで分析できるだろう。[38] さらに、この時間非対称性は指示の同一性の問題にも関わる。たとえば「アリストテレス」のような固有名は様相分岐的に何を指すのか。この問題については第三章と補論4で改めて取り上げることにしたい。

6　単線的決定論

法則的決定論が歴史の分岐を消し去ったように——可能性の枝はすべて刈り取られ現実の「幹」だけが残る——多世界説もまた歴史の分岐を消し去る。とはいえ多世界説の場合、単線の歴史は一つではない。それは複数実在する。今あなたがいる歴史も、そうした歴史のどれか一つとなる。

多世界説によれば、今ここにいる私がこれから「病院に行く」可能性と「病院に行かない」可能性の両方をもっていると考えることはできない。私はすでに歴史Aか歴史Bのいずれかにいる。歴史Aのほうにいるなら、私は病院に行くだろう。歴史Bのほうにいるなら、私は病院に行かないだろう。ただし今の私がまだ歴史内容の重複部分にいるなら、自分がどちらの歴史にいるのかをその時点で判別することはできない。

この描像下での意思決定とは、私的な予言のようなものだ。これから何をしようかと考えるのは、これから何をする歴史に自分がいるのかを当てるのに近い。ふだんわれわれが自然に行為し、自分の意志で動いていると感じるのは、この予言がしばしば当たるからだ。これは超能力でも何でもない。現在の状況——思考や想起の内容を含む——から過去の状況を言い当てることが不思議でないように、現在の状況から未来の状況を言い当てることも不思議ではない。とりわけ自分がこれから何をするかについては、現在の身体状態や意識状態を——意図・欲求・計画等に関する——私的な情報源とすることで、高精度の「予言」が可能だろう。

ところでこの描像は一種の決定論ではないか。未来はすべて決まっており、われわれにできるのは、それが良い未来であるように祈ることだけではないのか。ここでわれわれは二つの決定論を区

(38) Price [1996] など。

別しておく必要がある。一つは決定性によって歴史が単線化するもの、もう一つは単線性によって歴史が決定化するもの。前者については、一般的によく検討される決定論を思い描けばよい。物理法則などによって何が起こるかが決まっているなら、現実以外の可能性の枝は消失してしまう。一通りの現実が決められることで、歴史は単線になるだろう（科学的な法則の代わりに、神の選択を持ち出しても話は同じである）。他方、後者の決定論はこれと大きく異なる。後者では、まず単線の歴史がある。そして、その歴史が単線であること、それのみによって歴史が決定化する。この意味での決定論は「運命論」や「宿命論」と呼ばれることもあるが、これらの呼称には多様なニュアンスがあるので、ここでは別の呼称を用いよう。本書ではこの種の決定論を「単線的決定論」と呼ぶことにする（後述の通り、これは狭義のものである）。

単線的決定論では、われわれが決定内容を認識できるか否かにかかわらず、また法則性も必要とせずに、あらゆる時点で何が起こるかは決まっている。ただ歴史が単線であるということ、各時点が単一のあり方をしているということによって。大森荘蔵はこの種の考えを「空虚な」トートロジーであると述べた[39]。だが、どの時点の世界も単一の状況にあるということは、その状況の実例が挙げられなくとも、けっしてトートロジーではない。

多世界説を採るならば、あらゆる可能性は現実化される。すべての可能的歴史が、それぞれ単線の歴史として実在する。だから、どの可能的歴史を見ても、その歴史内の人物にとっては単線的決定論が成立している。何が起こるかは分からなくても、起こることは決まっているわけだ。ここで興味深いのは、可能性を全面肯定するように見える多世界説が、可能性を全面否定する次の説に似てくることである。――可能性のすべては人間の錯覚の産物であり、歴史は単純に一通りしかない。それは、何らかの法則によって歴史が決まるからではなく、たんに可能性というものがないからだ。あえて「可能」という表現を使うなら、歴史は実在的にも可能的にも単線である――。

私は別著のなかで、実在的にも可能的にも歴史が単線であること――歴史が一通りの可能性しかもたず、そしてそれのみが実在すること――を「単線的決定論」と呼んだ。[40] この用法は一見、多世界説に単線的決定論を結びつけた上記のものと異なっているように見える。しかしいま述べた通り、可能性の全面肯定は可能性の全面否定とともに、どの個別の可能的歴史においても歴史の単線性を成り立たせる。その意味で、本節と別著における「単線的決定論」の用法は、共通の根をもっている。

「単線的決定論」の語義を次のように規定しておこう。さきほど述べた、法則的決定論と対置される種類の単線的決定論(歴史の単線性が先行する決定論)を狭義の単線的決定論とし、この狭義の単線的決定論と、別著における上記の単線的決定論(実在的にも可能的にも歴史を単線とするもの)を合わせて、広義の単線的決定論とする。このとき、狭義の単線的決定論と対置した法則的決定論は、法則性によって歴史が単線化する点で、広義の単線的決定論の一部となる。法則的決定論において

(39) 大森[1971], pp. 122-123.
(40) 青山[2011a]第六章。

も、本章第4節で見た通り、実在的・可能的に残るのは単線の歴史だけだからだ。今後、本書の全体を通して、たんに「単線的決定論」と述べるときには、広義でのそれを意味することにしよう。

多世界説における樹形図は、すべての枝の実在性が認められることで、個別の単線にばらされてしまった。様相的表現のすべての意味は、そうした単線の集まりについての諸特性に集約される（たとえばすべての単線的歴史で成り立っていることは「必然」である）。ばらされた個々の単線を見るなら、もうそこに様相はない。ある単線について、それが別様でありえたら、ということを考える余地はないのである。

可能世界意味論における〈対応者 counterparts〉の概念を借りるなら、このことは、よりはっきりとする。図4の病院の例において、この文章を書いている私が歴史Aのほうにいるなら、歴史Bのほうにいるのは私と対応者関係（類似性に基づく分身関係）をもつ私以外の人物である。そのような人物がいることが「私は病院に行かない可能性がある」という文の意味となる。その人物は私とそっくりな性質をもつが、私ではない。だから、歴史Aに内属する私を見るなら、彼が歴史Aにいない可能性――病院に行かない可能性――はない。というより、ここで「可能」という表現を用いることがもう間違いなのである。同様にこう述べることもできない。彼が歴史Aにいることは必然である、と。一つの単線的歴史だけを見て可能性や必然性を語ることは、もはや意味をなさない。彼が歴史Aにいることは、偶然でも必然でもなく、たんなる事実なのである。

多世界説はしばしば馬鹿げたものだとされる。その存在論的な気前のよさ――実在物の数の爆発的な増加――が信じがたいと見なされるからだ。だがここには、もっと重大な問題がある。それは、諸可能的歴史の実在化が可能性の概念を台無しにするのではないかというものだ。

私の対応者がどの歴史で何をしようと、この歴史にいる私については、すべての事柄が決まっている。本来ならここでは、「必然」という表現が使えないのと同様、「決まっている」という表現も使えないはずだが、単線的決定論を決定論と呼ぶのと同じ意味において「決まっている」。もちろん、私についてだけではない。この歴史内のあらゆる存在者について――あの電話機やこのカップについても――同じことが言える。多世界説は、可能的対象の実在化と引き換えに、個別の歴史内のある個体についての可能性を問うことを禁止する。ある個体とその対応者ではなく、ある個体そのものの可能性を問うことを無意味にする。しかし、これは結局、可能性という概念を常識とはまるで違ったもの――たくさんの世界に散らばった対応者についての統計報告――に変えてしまうことではないのか。

感覚的な言い方をするなら、反事実的な可能性の本質は「ないのにある」という点にある。すなわち、現実としてはないが可能性としてはある、ということをどう理解するかが問題なのだ。現実に私が病院に行くならば、なるほど、私が病院に行かない歴史はない。しかし可能的にはその歴史はある。それはたんに、「病院に行かない」という表現によって心理的に思い描かれたものではない。そちらの歴史もまた、現実の歴史と同様に――人間の認識能力とは独立の――完全性をもっている。だからこそ、それは非現実のものでありながら、現実になりえたものだと見なされる。

7 現実主義と可能主義

では、多世界説のような「馬鹿げた」考えをせずに、現実の歴史だけが実在すると考えればよいのだろうか。そうすれば、現実にはないが可能的にはある、ということをうまく理解できるのだろうか。

可能世界意味論には、〈可能主義 possibilism〉と〈現実主義 actualism〉と呼ばれる立場がある。D・ルイスを主唱者とする可能主義は、多世界説に類するものであり、すべての可能世界は対等に実在するとされる。[41] 他方、現実主義によれば、ただ一つの世界、すなわちこの現実世界だけが実在し、それ以外の可能世界は非実在的なもの――現実世界における何らかの構成物――だとされる。可能主義が異端視されるのに対し、現実主義は多くの支持者をもつ。たしかに現実主義は常識的な考えに見える。だが、現実主義が可能性についての一般的な見方をすくい取っているかと言えばそうではない。可能主義は納得しがたいものだが、いまから確認するように、現実主義はむしろ理解がしがたい。

可能世界が現実世界内の構成物だとするなら、その素材は、現実に存在している何かである。しばしば候補として挙げられるのは、言語的具体物としての文（インクや音波によって形成された）や、言語的抽象物としての命題（あるいは性質）、時空的位置を占める物体（とりわけ、その基本的な粒子）といったものだ。つまり可能世界とは、文や命題の無矛盾な極大集合であったり、あるいは、粒子の時空的配列であったりするわけである（もしくは可能世界とは、そうした集合や配列によって、そのあり方が表象されるものである）。

　これらの素材の候補に関しては、ややテクニカルな観点から個別の問題が指摘されているが、素材の選択によらない一般的な問題を見出すこともできる。[42] 可能世界を現実世界内の何らかの構成物と見なすには、様相概念に依存せず、その構成物が作られることが望ましい。そうでなければ、可能世界の導入によって様相概念を説明したにもかかわらず、可能世界の定義自体に様相概念が必要となるからだ。ところが、構成物としての可能世界の理解は、よく指摘される通り、こうした循環的定義をどこかで引き入れてしまう（こうした循環はたとえ致命傷でなくとも、その循環が生じる背景について、さらなる検討を要求する）。

　たとえば可能世界を文の無矛盾極大集合と見なす場合、その集合が無矛盾であること――東京タワーが赤く、かつ、東京タワーが赤くないような矛盾がないこと――をいかに定義すればよいだろうか。ある文と別の文が無矛盾であるとは、それぞれの文の表す事態が両立可能だということであるが、このような定義はまさに循環的である。時空点上での素材の配列も同様であり、現実以外の可能世界としての配列は、実際に素材を並べ替えてそれを作ることができない以上（実際に並べて

（41）Lewis［1986］など。

（42）Loux［1979］, sec. 4; 飯田［1985］第3節; 三浦［1997］第三章など。

しまえばそれは現実の配列である）、可能な配列として概念的に思考されざるをえない。

こうした問題提起の裏には、テクニカルではない、ある単純で本質的な問題が存在している。それはつまり、可能世界はどうして「世界」なのか、というものだ。可能世界は世界だからこそ、この現実世界と並び立つ。こちらの世界ではなくあちらの世界が現実だったかもしれない、という仕方で。しかし、可能世界が現実世界内の構成物であり、とりわけそれが、ありえた世界の表象にすぎないのだとしたら、どう頑張ってみてもそれは現実世界に並び立たない。たとえば、可能世界が現実世界内の文の集合であるなら、それはけっして世界ではない。

この、まったく当たり前のことが、現実主義にとってのアキレス腱である。可能世界がそもそも世界でないなら、それは可能な世界でもない。なぜなら、ある可能世界がこの現実世界に代わって現実となることは、可能世界が世界でない以上、どう考えても不可能だからだ。世界に取って代われるのは、対等な存在としての世界だけであり、現実世界内の構成物にその役目は果たせない。「ないのにある」と表現した可能性の本質がここにある。「ないのにある」ものとしての可能世界――可能主義とも現実主義とも異なる意味での――は現実には「ない」が、それは「ある」ことが可能である。そして、もし「ある」ならば、それは完全なる世界であろう(43)。現実世界と対等な、もう一つの完全なる世界だからこそ、それは現実世界に代わりうる。

ここには、現実主義的な可能世界の定義が循環する理由の一つもある。可能世界の定義のなかで「可能」という言葉が再度使われるのは、「ないのにある」ものとしての可能世界の、上記の対等性を引き入れるためだ。仮に、この現実世界を——無理は承知で——文の無矛盾極大集合（本節では以下「極大集合」）の一つと見なそう。このとき、ある可能世界はもう一つの極大集合となる。両者はともに極大集合であるから、表面的には対等に見える。だが、極大集合としての可能世界が現実世界の一部分であるなら、どうしてそれは現実世界と並び立つ別の極大集合でありうるのか。そもそも、ある極大集合の内部にもう一つ別の極大集合がある——無矛盾性の定義を変えることもなしに——とはどういうことか。しかし循環的定義によれば、可能世界とは、もう一つの可能な極大集合なのである。現実世界の一部ではなく、現実世界と対等な、可能的な極大集合。それは現実には「ない」が、しかし「ある」ことが可能である。「可能」という言葉を用いることで、「ないのにある」ものが再帰する。

　こうした循環に陥らず、現実主義を首尾一貫したかたちで理解するには、可能世界が文字通りの意味での「可能」な「世界」ではないことを認めるほかない。たとえば、こう考えることで。——可能世界は世界ではないし、何らかの可能なものでもない。現実世界だけが世界であり、現実世界だけが真に可能なものであり、そして事実、現実世界だけが実在する。可能世界という概念は、様相についてのわれわれのおしゃべりを整理するための道具であり、それ以上のものではない——。

（43）ここでの「完全」との表現は、世界がその細部まで完全性をもつ——諸命題の真偽が定まっている——ことを意味しており（→本章第3節）、道徳その他の価値判断上の「完全さ」はもちろん意味していない。さらに本節の文脈においては、完全なる世界が細部まで具体的実質をもつ点も意図されている。

現実主義の以上の困難を、可能主義はこう克服する。可能主義によれば、可能世界はもちろん世界であり、そして本当に実在している。われわれのいる現実世界もそうした可能世界の一つであり、この現実世界と他の可能世界は、世界として完全に対等である。こうして可能主義によれば、「現実」は「今」や「私」と同じ自己反射的な指標詞となる。つまり、どの時点もその時点から見れば「今」であり、どの人物もその人物から見れば「私」であるように、どの可能世界もその世界から見れば「現実」である。「現実」とは、その語の使用者が住んでいる世界のことになるのだ。

　可能主義は荒唐無稽に見えるが、しかし、可能性の謎を直視している。現実以外の可能世界は、それが世界であるからこそ、この世界に代わりうるものとなる。可能世界は現実世界の一部ではなく、現実世界と同様、それ自体として一つの全体である。私が今文章を書いている代わりにそばを食べていることも可能だ、ということは、私の対応者が今と同じ日時にそばを食べている世界が実際にあるということだ。実際にあるからこそ、そちら側にいる「私」は本当にそばを食べている。抽象的構成物としてのそばではなく、味も香りもある具体的実質としてのそばが、そこでは現実に食べられている。

　とはいえ思い出してほしい。すべての可能的歴史が実在するならば、結局それぞれの歴史において単線的決定論が成り立つのだった。この世界のこの私が今そばを食べていないのであれば、その私が今そばを食べている可能性はない。世界内のあらゆる個体は、その個体そのものとして、実際にもたない別の性質をもつことはできない。

可能主義は、現実以外の可能世界が世界であることの意味を十全に生かすが、しかし、それらがこの現実世界の別の可能性であることについては、そうではない。他の可能世界にいる私が私の対応者にすぎないように、他の可能世界は現実世界の対応者にすぎない。他の可能世界は、この現実世界そのものについての可能性を表すものではなく、この現実世界に似た独立自存の世界である。もちろん、この現実世界が他の可能世界のどれかに「なる」ということもない。

結局のところ、現実主義と可能主義のいずれかに安住するなら、分岐問題は表面化しない。現実主義においては、可能的なものは本当は「ない」。可能主義においては、可能的なものはたんに「ある」。「ないのにある」ものとしての可能性は消え、歴史の枝はそれぞれ両極端な意味で単線化することになる。でも、これは要するに、可能性を可能性以外のものにすることで問題を回避しているだけではないのか。この言い方が強すぎるなら、次のように言ってもよい。上記の「解決」は、分岐問題を発生させないような新たな可能性概念を打ち立てることによって、分岐問題を回避するものではないのか。だとすれば、その回避に対して私はこう述べておきたい。可能性概念は一般に、分岐問題を生じさせうるようなものとして流通しているのであり、たとえ不明瞭な点があっても、それを簡単に切り捨てることはできない。これから本書で見ていく通り、われわれ人間の生活はその不明瞭さの上に成り立っているからだ。もしもそうした可能性概念の理解が何らかの錯覚に基づくものだと言うなら、それがどんな錯覚であり、なぜその錯覚があるのかを明らかにしなければならない。

8　解決

分岐問題に答えはあるのか。もっとも簡明な「解決」は、可能性自体を消してしまうことだ。可能性というものがそもそもないなら、可能性からの選択もありえない。その選択にまつわる謎もない。このとき可能性とは、人間の――おそらくは言語によって作られた――錯覚になるだろう。そして実像としての世界は、単線的決定論に従うものとなる（その世界が法則的決定論にも従っているかどうかは別の問題である）。

ほかにも二つの「解決」がある。確率的法則についての次の議論を思い出そう。確率が世界の実在的あり方に関わっているなら、分岐問題への返答は二つに絞られる。説明不可能な偶然を認めるか、多世界説を認めるかのどちらかだ。前者は分岐問題に対し、「選択はたしかになされるのだが、どのようになされるかの答えはない」と応じるものであり、後者は「可能的なすべての世界は、それぞれが単線的決定論に従う、選択のなされない世界である」と応じるものである。これらの「解決」は明らかに、確率的法則の議論に限定されたものではない。可能性の選択全般について――つまり分岐問題について――それらは同じように適用できる。

前節での表現を使うなら、以上の「解決」はこうまとめられる。錯覚としての可能性理解は、「あるのにない」ものとしての可能性を消去し、それをたんに「ない」ものにする。多世界説の承認は、「あるのにない」ものとしての可能性を消去し、それをたんに「ある」ものにする。この二つの「解決」がともに単線的決定論に至ることは、すでに確認した通りだ。

そして説明不可能な偶然の承認は、「あるのにない」ものとしての可能性を説明不可能なままに残す。（一回ごとの生成における）偶然の承認は、分岐問題と正面から組み合い、分岐問題に完全に組み敷かれることを意味する。ここではいわば、説明しないことが唯一の説明なのである。これは神秘主義ではない。常識が構造的に神秘を含むとき、その神秘だけをつまみ出して無断で捨てられると考えるのは、それこそが悪しき神秘主義――説明の放棄――である。

分岐問題に答えることが、上記の「解決」のどれかを採ることでないとしたら、何をすることなのか私には分からない。だが一方で、私にはこれらの「解決」がどれも十分な解決には見えない。カギ括弧なしの解決と記すには、これらの「解決」には何かが足りない。次章からは、その足りないものを、新たな問いを立てながら見ていくことにする。

哲学において答えは重要ではない、という言い方はよくなされるが、これは誤解を招くものだろう。哲学においても答えはやはり重要であり、本物の答えは本物の問いと同じく重要である。答えよりも問いが重要だという言い方は、だから、二つの事実を表している。一つは、本物の答えとだれもが認めるものが哲学史上にはほとんどなかったという事実であり、もう一つは、本物の答えに肉薄した答えはしばしば新たな問いのかたちをとってきたという事実だ。分岐問題に関しても、この事情は変わらない。

第二章　自由意志

1　概観

自由と決定論に関する非両立論者と両立論者の対立は、マクタガートの時間論をめぐるA系列論者とB系列論者の対立に似ている（↓補論1）。論理的な整合性においても、自然科学との調和においても、前者（非両立論者／A系列論者）はたいへんな守勢を強いられる。率直に言って、前者の最後の拠りどころとなるのはある奇妙な――しかし同時に常識的な――直観であり、それが正確にはどんなものかを述べることはひじょうに難しい。

非両立論者にとってのその直観は、伝統的な意味合いでの「自由意志」――他行為可能性や起点性をもつ（↓本書序文）――を擁護するものであり、両立論者に対して、非両立論的なその自由意志とは何かを説明することが彼らのおもな責務となる。彼らがもっぱら守勢に回るのは、そうした説明がしばしば曖昧で欠陥をもつように見えるからであり、にもかかわらず彼らがその責務から逃れようとしないのは、自由意志こそ人間の生活における不可欠な基底だと信じているからである。

自由意志の実在性の擁護を、本書では自由意志説と呼び、その支持者を自由意志論者と呼ぶ(44)。自由意志論者は非両立論者であるが、両者の外延は完全には一致しない。というのも、非両立論それ自体は決定論の是非について中立的であるから、〈硬い決定論〉のように、非両立論と決定論をともに認めることで自由意志の実在性を否定する立場もありうるからだ。しかしながら、自由意志論者こそが非両立論者の代表であることは間違いない。

自由意志論者とA系列論者との類似は、上で述べただけに留まらない。彼らが守勢に回る本質的な理由は、彼らが競争相手(両立論者/B系列論者)の道具立てをほぼ丸ごと必要とするのに対し、競争相手のほうは彼らの道具立てを必要としない——少なくともそう信じている——という、両者の非対称な関係にある。すなわち、両立論者が要請する自由の条件は自由意志論者にとっても重要であり、B系列論者が要請する時間的順序関係はA系列論者にとってもやはり重要なのだが、自由意志論者やA系列論者は、それらの重要な道具立てを根底から支えるものとして、自由意志やA系列的時間(現在の推移)の必要性を訴える。それゆえ、両立論者やB系列論者からの反論は「われわれにそうした支えはいらない」といった趣旨のものとなり、だからこそ自由意志論者やA系列論者は、彼らが「支え」と見なすものについての説明責任を負わされることになる。

さて、自由意志説と両立論をめぐる議論は今日ではきわめて複雑化しており、率直に言って、議論の精緻化《せいち》だけでなく弊害も生んでいるように思われる。すなわち、細かなテーゼの組み合わせからなる諸説がその組み合わせのわずかな差ごとに林立し、あるパズルを解く際にはこの組み合わせが、別のパズルを解く際にはこの組み合わせが有効である、といった知識が集積される一方、そもそも何が問題であったのかが見失われていくという弊害である。

だが、そうした組み合わせ的発想から離れて論争状況を俯瞰するなら、意外にも状況は単純かもしれない。たとえば、自由意志論者と両立論者との対立を、自由意志という両立的自由の支えの必要性をめぐる対立として見たならば、両立的自由の内容の精査はある程度この対立から切り離せることが分かる。なぜなら、そこでどのような両立的自由の概念が得られても、そのほぼすべてを自由意志論者は有益なものと見なしたうえで、「しかし、その支えは自由意志である」と最後に付け足すであろうからだ。この事実は一般に自由意志説の弱点として指摘されるものであるが――自由意志説は両立的自由に何も付け加えていないというかたちで(45)――、両立的自由の内容的充実は、それが自由意志の支えなしに自立しうることの間接証拠ではあっても、自由意志説の誤りについての直接証拠ではない。

(44) 本書序文でも述べた通り、自由意志の実在性擁護はしばしば「リバタリアニズム」と呼ばれ、それに伴い、その擁護者は「リバタリアン」と呼ばれるが、この「リバタリアン」の呼称にもやはり政治哲学上のニュアンス(社会的な意味での自由主義者)はない。

(45) Honderich [1993], Mele [2006], 鈴木 [2011] など。

ところで、自由と決定論の両立可能性をめぐる議論は、道徳的責任と決定論の両立可能性をめぐる議論にしばしば直結されることで、前段落で見た対立図式に一種のノイズを呼び込んでしまう。これこそが、組み合わせ的発想のもとで議論が複雑化する主要因だと言える。自由論と責任論とのこの直結は、責任論からのいわば逆算的な思考を、自由論の形成に求める。つまり、ある想定状況における行為をわれわれが有責なものと見なすか否か、という日常的・直観的な判断を土台にして、その判断に合うような責任概念を構築し、それに準ずる自由概念をさらに構築するわけだ。

こうした議論が一定の有用性をもっていることは間違いない。責任をめぐる人間の実践を記述し、とくに法の基礎づけにおいて、実践を追認するような理論を求める際には。しかし、自由と決定論の対立を論じる際、われわれは責任論から話を始めたのではなかったし、責任についての実践のすべてを自由論が追認すべき必然性もない。責任論を可能な範囲で無視して自由論を展開することは、哲学的にはけっして無責任ではない。

いま述べた複数の論点は、明らかに関連をもっている。両立論におけるさまざまな自由の定義は、責任に関する実践にもかなり調和するものだが、自由意志論者はそうした定義の有用性をほぼそのまま承認できる。たとえば、H・G・フランクファートによる一階の意欲と二階の意欲の区別に基づく責任論や、P・F・ストローソンによる客体的態度と反応的態度の区別に基づく責任論など、それらのものを自由意志論者は自由意志の上に飾りつけることができ、それはそれとして活用することができる。とりわけ彼らが、自由意志と決定論の非両立性という本筋の主張を見失わず、責任と決定論の非両立性という横道の主張に逸《そ》れないならば。
次の反論があるに違いない。自由意志論者の多くは責任と決定論の非両立性を強く訴えており、それは彼らにとって横道の主張ではない、といった。現実の自由意志論者たちの生態観察としてなら、この反論における事実認定は正しい。多くの自由意志論者にとって、「もし決定論が正しいなら人々は有責でありうるはずがない」という直観は、自由意志の実在を擁護するとても強力な動機であろう。だが、その動機から述べられた自由意志説の哲学的内容の多くは、この動機から独立に議論しうるし、独立に議論すべき部分も多い。

　とりわけ重要なのは、自由意志説の核心となる他行為可能性と起点性にどのような評価を与えるかだ。自由意志の源泉をこれらの特徴に求める議論は、しばしば次の批判を受けてきた。——未来の諸可能性の一つが、過去のあり方や自然法則などに縛られずに現実化するという自由意志への見方は、自由意志をたんなる偶然と区別のつかないものにしてしまう。自由意志がそのようなものであるなら、自由意志に基づく行為に責任を認めることはできない——。たとえばA・R・メレは著書『自由意志と運』（二〇〇六年）の第三章全体を通じて、この批判を詳細に展開している。

　R・ケインのように自由意志の源泉を出来事の偶然性に求める論者は、とくにこの批判の標的となる（→第一章第5節）。そうした批判は、両立論者のみならず、（同朋のはずの）自由意志論者の一部からもなされることになる。たとえば、T・オコナーやR・クラークのような行為者因果説の支持者は、たんなる偶然に還元されない自由意志を擁護するため、他行為可能性と起点性の源泉を

「行為者」の能力に求める(46)。彼らによれば、ある自由な行為が有責であるのは、ほかならぬ行為者が原因となって行為がひき起こされたからであり、その因果性は、出来事間の自然科学的な因果性とは異なる。

だが、分岐問題についての第一章での議論をふまえるなら、いま見たケイン型自由意志説への批判が、三つの問題を抱えていることが分かる。第一に、偶然によってひき起こされた行為に責任がもし認められないとしても、責任論に回収されない自由意志論の領域が残されていること。第二により根深い問題として、偶然とは何であるかを、われわれはじつはよく知らないということ。過去のあり方や自然法則などに縛られず、諸可能性の一つを――まさにその現実化の時点で――無根拠に現実化させる作用。これは驚嘆すべき作用であり、「たんなる」偶然と呼ぶことで片づけられるものではない。そして第三に、たとえ責任論を自由意志論につなげた場合でも、偶然が驚嘆すべきものであるなら、偶然による行為に責任を認める余地も十分に検討されるべきだということ。

本章では、自由をめぐる多様な説を見たのち上記の諸問題を検討していくが、次の点をあらかじめ述べておいたほうがよいだろう。本章の狙いはある特定の説で「自由」を塗りつぶすことにはない。偶然に依拠した自由論に比べ、両立的自由論への私の考察がより否定的な印象を与えたとしても、それは本来の意図ではない。筆者としては、バランスを欠いているかに見える近年の論争状況――前者の過小評価と後者の論点変質――をふまえ、いったんバランスを調整したうえで、諸説の長短を見定めることを目指している。本章で明確に否定的態度をとるのは行為者因果説に対してのみであり、そして行為者因果説に関してさえ、その真の動機（→本章第4節）には一定の共感を示している。

2　意志と主体

神の実在を信じる人々が何らかの神の定義を提出してくれたなら——たとえばアンセルムスのように——批判者はその定義の論理的矛盾や循環性などを指摘して、論駁を開始できるだろう（あるいは説得されるかもしれない）。だが有神論者が定義を示さず、さらにはいっさいの説明もなしに、ただ直観の働きによって神を見ているのだとしたらどうか。このとき議論は平行線を辿るに違いない。自由意志の実在についても同様、もし自由意志論者がそれをじかに見ており、定義や説明を拒否するのなら、議論は平行線を辿る。批判者がどれほど自由意志の理解不可能性を訴えたとしても、自由意志論者はそれを非実在性の証しとは認めず、ただ自由意志の定義不可能性の訴えとして受け止めるだろう。このとき直観の対立は、数の力——社会的実践——によってのみ調停されるのかもしれない。

はじめに、次の点を確認しておこう。ある行為が自由であることの根拠を、その行為者の主観的

(46)　Clarke［1993］, O'Connor［2002］など。

な心理状態、いわば一人称的な「自由感」に求める見解はほとんど支持されていない。自由意志を論じた著作によっては、この観点をまったく検討していないものもある。単純かつ決定的なのは、自由感とは何なのかという問題だ。われわれは身体運動の感覚（自分の身体が動いていることの感覚）をもち、たとえば、他人に手を動かされている状況と自分で手を動かしている状況との区別を付けられるが、その際に何か、行為の自由——とりわけ自由意志の働き——を裏づけるような特有の感覚があるだろうか。

「自分で」手を動かしているとは、主観的感覚の観点から言うなら、外部からの物理的強制を感じず、自分の手が動いていることを感じ、いまから手がどう動くのかをかなりの程度予測できることである。さらにその予測される運動が、合理的な目的や事前の計画にかなっていればなお望ましい。だがここに、分岐問題と交わるような選択の自由は含まれていない。単線的かつ法則的な決定論とも、これらの感覚は調和する（むしろ単線的で法則的であれば、「予測」はより精度を増すだろう）。そして、手を動かすという行為の起点が自らのうちにあったという感覚や、手を動かさない可能性もあった（動かさないこともできた）という感覚もまた、自由を根拠づけるものではない。それらは文字通り「感覚」にすぎず、行為の起点が本当に自らのうちにあったことや、他の可能性を本当に選べたことを保証してはくれない（このほか、ある行為の要因について行為者自身がしばしば無知であることは、多くの実験でも確かめられている）。[47]

自由意志論者のなかには、意志に言及することなしに、自由の実在性を擁護する論者も多い。つまり、自由意志説とほぼ同じ狙いをもった主張を、自由な「意志」という概念に依拠せず主張する論者である。そのような方針を採る理由は、大きく二つあるだろう。第一に、物理主義的な決定論の台頭が挙げられる。意志の自由をどれほど擁護しようと、物理的な身体運動が決定されているならば、われわれの自由は脅かされるからだ。第二に、「行為をひき起こす意志」という図式自体への抵抗がある。もし行為が意志によってひき起こされるなら、意志は何によってひき起こされるのか。それは「意志の意志」によってであろうか。こうした問答は、原因の無限後退を要求するように見える点でも評判が悪い。

しかしながら、意志から目をそらすことで問題が片づくわけではない。意志を持ち出さないのだとすれば、何が自由の担い手となるのか。このときしばしば暗躍するのは、「人間」や「主体」といった概念だ。たとえばロックの見解によれば、「意志は自由かどうかと問うことは適切ではなく、人間は自由かどうかと問うのが適切である」。なぜなら自由とは「意志したのに応じて、その行動を行ったり行うのを抑止したりするところの、人間がもつ能力」だからだ。(48)

(47) 第四章第1節に挙げた諸文献を参照。その他、対話篇による読みやすいサーベイとしては、Mele [2014] がある(邦語でのサーベイとしては、小坂井 [2008] 序章など)。

(48) Locke [1905], p. 137, p. 141. 訳文は新田 [1993], p. 37 による(ただし傍点強調は省いた)。同引用箇所を含む邦訳書での訳出は以下の通り(大槻訳 [1980])。「[……] 自由とは、ある特定の行動を行なうか抑止するかを心で現実に選択したのに応じて、ということは、この人間自身が意志したのに応じてと言うのと同だがこの「人間」という概念に、いったいどれだけの価値があるのか。人間と自由の結びつきには、やはりいくつもの疑問が残る。たとえばその人間とは、特定の行為に関連した因果連鎖のなかに位置づけられるものなのか。もしそうであるならば、原因の無限後退がここにもふたたび発生する。人間が自由な行為をひき起こすなら、その人間は何によってひき起こされるのか（「人間の人間」によってであろうか）。あるいは、人間が因果連鎖のなかに位置づけられていないとしたら、どうしてそれは行為できるのか。

人間という概念を持ち出すだけでは、自由への理解は深まらない。それゆえ本章の以下の議論では、「意志」「人間」「主体」といった語を文脈に応じて併用する。読者はそれを、行為を自由にひき起こすもの（そのようなものがあるとして）に仮に与えられた名前として理解してよい。重要なのは、この場所に何かが収まることを多くの人々が欲するという事実であって、それがどう呼ばれるかではない。そしてさらに重要なのは、その何かが、諸可能性からの現実の選択や、因果的な起点性に結びつけられることだ。

「他の行為もできる（できた）」という点に自由の源泉を求める議論は、自由を責任の問題と関連づけるうえでしばしば重視される。もしある犯罪者が当該の犯罪行為をしないことができなかったとするなら、その人物の責任を問うことは不合理だというわけだ。このとき自由な（そして有責な）行為とは、他の選択肢の存在によって初めて意味をもつものだとされる。しかし「他の行為もできる」という事実は、「他の行為の可能性もある」という事実と本当は同じものではないのか[49]。自由意志論者は、たんに他の可能的行為が「ある」ことではなく、それを「できる」ことこそが重要なのだと答えるかもしれない。だが、この「できる」という表現は——ただそれだけでは——自由に関する直観的な共感を呼び起こそうとするものでしかない。

「できる」の一語に訴える論者は、いかなる共感を望んでいるのか。先述の通り、行為者因果説の支持者は、因果的起点性への共感を求める。彼らによれば、行為者こそが不動の第一動者（何ものにも動かされずに、他のものを動かす主体）であり、それゆえ行為者は起点性をもつ。すなわち行為者は、たんに両立的自由をもつだけでなく、自ら新たな因果連鎖（行為）を開始することができる、とされる。

しかし、こうした起点性の事実がどのようにして知られるのかが問題だ。行為者自身の自由感といった曖昧な基準を持ち出さないなら、原因遡及の限界点——それ以上の原因を辿れない出来事と、起点性をもつ出来事は、認識のうえで重なってしまう。つまり、原因遡及に関するわれわれの認識能力の限界が、起点性の識別を左右してしまう。もちろん、認識能力になど依存しない「本物の起点性」があると反論するのはかまわない。だが、それはいわば画に描いた餅であり、そうした形而

じことだが、その行動を行なったり行なうのを抑止したりする力能なのである」「そこで、自由についての研究に帰ると、私の考えでは、意志は自由かどうかと問うことは適切でなく、人間は自由かどうかと問うのが適切である」（邦訳 p. 113 より引用、省略引用者。原著 p. 137, p. 141）。

(49) Lewis［1981］などを読むと、とりわけこうした疑いにかられる。

上学的な起点性が仮にあったとしても、実際の自由の識別には役立たない。

3　何かからの自由

しばしば指摘される通り、何から自由であるのかを示すことなく、自由を理解することは難しい。この点を強調した場合、自由という概念は「あるものから不自由ではない」ことを理解の前提にすると言える。こうした観点に基づく自由は、それがいかなるものであるかを、かなりの程度明示できる。いわゆる社会的権利としての自由、たとえば本人の同意なく財産を奪われないことなどは、その代表例であろう。この種の自由は総括して「何かからの自由」と呼べる。

それでは自由意志もまた、何かからの自由なのだろうか。だとすれば、それは何からの自由か。決定論が自由意志の論争において必ずといってよいほど登場するのは、それこそが自由意志を妨げるものだと思われてきたためだ。たしかに強力な決定論は、自由意志の実在を危うくする。だが、あるものが自由意志を妨げるからといって、その束縛から逃れることが自由意志の実在性を支える（あるいは意味を担う）とは限らない。「決定論が真であるなら、自由意志は実在しない」との馴染み深いテーゼが仮に真だとしても、「裏」必ずしも真ならずであり、「決定論が真でないなら、自由意志は実在する」は導かれない。

もし法則的決定論からの自由が自由意志の正体であるなら、いっさいの法則性に縛られない事態こそ、純粋な自由意志と重なるはずだ。だが、これもまたしばしば指摘される通り、その見解は信じがたい。たとえば私の右手がまったく無秩序に、何の要因もなしに動くとしよう。このとき私の右手が突然だれかを叩いたとしても、それを純粋な自由意志の発露と見なすことは難しい。では単線的決定論はどうか。単線的決定論を受けいれるのなら、「何かが何かをひき起こす」という意味での因果作用全般は、幻想となりかねない（一方から他方への作用ではない因果相関は維持しうる）。その場合、世界の個々の出来事はすべて、ある仕方で起こるとすればその仕方でしか起こりえず、他の出来事や対象によってひき起こされる余地はないからだ。このとき自由意志はたしかに脅かされてはいるのだが、それは因果作用の排除というはるかに広範な主張の陰で二次的に脅かされるにすぎない。つまり単線的決定論からの自由も、自由意志の正体とは言いがたい。

何かからの自由と、人間の自由。その関係の不明瞭さはよく知られているようでいて、まだまだ人々の直観をにぶらせている。ヴァン・インワーゲンの思考実験[50]をもとに、次の状況を考えてみよう（この思考実験はもともと、A・フリューによる〈典型例論法 paradigm case argument〉を批判するためのものである）[51]。――過去から今日に至るすべての人間の脳には火星人の装置（M装置と呼ぼう）

(50) van Inwagen [1983], pp. 106-114.

(51) 典型例論法によれば、われわれはさまざまな典型例を通じて――どのような行為を「自由」と呼ぶべきかの学習を経て――「自由」の意味を理解したのであり、それゆえ仮に決定論が正しかったとしても、自由な行為が不可能だということにはならない。その場合、「自由」の意味の供給源であった諸典型例は、決定が埋め込まれているが、われわれはそれに気づいていない。M装置は、人生の全体にわたるプログラムを含んでおり、人間の行為に影響を与える――。さて、この想定において人間は、じつは不自由なのだろうか。それとも人間の自由とは、M装置と一体のものなのだろうか。自由意志論者の多くは、前者の回答を選ぶかもしれない。「われわれが自由と見なしてきたものは、自由ではなかった」といった具合に。しかし、このとき「自由」という語は二義的に使われているおそれがある。

そのことを明らかにするため、上述の想定に手を加えてみよう。あるときあなたに埋め込まれているM装置が故障する。このことであなたは、さらなる自由を獲得するだろうか。「獲得する」と考える人々は、人間がM装置なしにも自由でありうることを自明だと考えている。だが、この自明視には問題がある。なにしろM装置は、あらゆる「自由な」人間の内部で働いてきたのである。M装置を失ったあなたが、どんなふるまいをするのかは分からない。はっきりしているのは、そのときあなたがM装置から自由になる（束縛を逃れる）ということであって、それ以上の何らかの自由が――とりわけ意志の自由が――増すといったことではない。

ところで人間は現実に、さまざまな条件に束縛されている。たとえば、われわれは引力から逃れて空を飛ぶことはできないし、コンピュータ以上の速度で計算問題を解くこともできない。では、人間の行為が引力から不自由であることとM装置から不自由であることのあいだには、どのような違いがあるのだろうか。ありうる返答は、引力はわれわれの行為を制限はするが、決定はしないというものだろう。他方、M装置はわれわれの行為を一意的に決定するかのように描かれている。しかしこれは事実ではない。

M装置は個々の人間にあらかじめ埋め込まれている。それゆえM装置は各人の行為を完全に決定するものではありえない。なぜなら各人の行為は、M装置によって決定されていない他のさまざまな要素（基本的には周囲の環境）によって影響を受けるからである。この論点は、局所的な決定論の不可能性と関係している。世界のある局所的な領域だけに決定論を適用しようとしても、その領域が外部からの因果的な影響を受けるとすれば、決定性は脅かされてしまう。[52] 局所的な領域のみに決定論を適用するには、その領域が因果的に閉ざされていることが必要となるが、火星人から見て

論と両立的だからだ。ヴァン・インワーゲンはこの議論に対し、M装置による人間の行為が自由か否かが疑わしいとしたら――疑わしいという直観を彼は明らかにもっている（*ibid.*, pp. 110-111）――決定論下での人間の行為も同様であり、典型例論法はうまくいかないと批判した。本節の議論はこの文脈から距離を置いたものであるが、しかし、ヴァン・インワーゲンの上記直観の正体を（そしてより適切なその適用範囲を）、かなりの程度、明らかにするものと言える。すなわち、M装置の事例が決定論よりも強く上記の直観を呼び起こすのは、われわれ人間がもつはずの自由を――それが何かは未解明のまま――火星人に譲渡したからであり、そのことによって人間が超越的な自由の被操作対象となるからである（そして、この直観がじつは堅固でないのは、未解明のままの自由の譲渡が――本節の最後で述べる通り――問題の先送りにすぎないからである）。なお、ヴァン・インワーゲンによる典型例論法批判から、典型例論法をその一種とする〈メタ意味論的保障論法 metasemantic security argument〉を擁護する近年の試みとしては、Jason［2013］を参照（同論でも、本節と別の視点から、M装置の事例と決定論との差異の重要性が指摘されている）。

（52） 植村［2002］, p. 230など。

人間がそうした領域にいるとするのは不合理であろう。

結局のところM装置は、何らかの規則性や傾向性のもとに人間を支配するのであり、こうした束縛の力は、自然物の多くに見出されるものである。たとえば私の心臓が従う自然法則は、私のふるまいを束縛するだろう。こうした束縛とM装置による束縛とは、束縛の力の強弱こそあれ、同質のものと見なしてよい(そして、M装置の故障が自由意志の増大を保証しなかったように、自然法則の破れが自由意志の増大を保証することもない)。

以上の議論を経てもなお、M装置に自然法則以上の脅威を感じる人々がいるなら、彼らはM装置をいわば超越的なものに格上げしている。すなわち、われわれがけっしてその認識に辿りつくことはないとしても、火星人の目から見たなら人間の選択は決定されている、というように。しかしこのときわれわれは、「自分たちの選択がじつは決定されている」という状況をどうやって思い描くことができるのだろうか。

たんなる懐疑的想定としては、いかなる行為者にも、それを外部から支配する他者が存在することはありうる。われわれが火星人に支配されていたとしてさえ、火星人は金星人に支配されているかもしれず、金星人はインドの猫に支配されているかもしれない。こうした外部への拡張がどこかで打ち止めになることは、経験的にはありえない。そして外部への拡張に伴い、脅威は虚ろなものとなっていく(→補論2)。

火星人による支配の脅威を深刻なものとして受け止めるには、火星人はデカルトの描いた悪霊の役割を果たさねばならない。デカルトは『省察』のなかで、自分のすべての経験は悪霊の見せる夢かもしれない、と懐疑した。この懐疑が脅威なのは、その悪霊が超越的な真実の側にいるためだ。夢を見せている悪霊は、自分自身が別の何者かによって夢を見せられている可能性がもはやないという意味において、すなわち、自らは欺かれることなく他者を欺くものとして、超越的な立場にある。火星人も同様に、その力を真に発揮するには、自らは支配されることなく、われわれを支配しなければならない。いわば彼らは超越的な視点から、われわれを何らかの対立の一方の極へと閉じ込めなければならない。

しかしながら、ここで疑問が生じる。火星人の支配の超越性は、いかなる立場のもとで発揮されるのか（悪霊の場合は「真実性」のもとにであった）。これはつまり、自由意志は何によって脅かされるのかという、前節での疑問の再現である。すでに確認したように、決定性と自由意志とが直接対立することはない。決定されていないこと（非決定性）は、自由意志と同じものではない。もし火星人が決定性のもとにわれわれを脅かすのだとしたら、そこで対立させられるのは、自由意志ではなく非決定性だろう。

考察をさらに進めるため、次のケースを考えてみよう。M装置の想定を変え、それがプログラムの実行装置ではなく、遠隔操作の受信機であると仮定する。(53) 火星人はわれわれを観察し、その観察

（53） 壁谷彰慶はこうした想定を「ラジコンモデル」と名づけ、オリジナルのM装置以上に、自由感を脅かすものと見なしている（壁谷［2005］）。壁谷はその「私情」を、「自分の意志が他人の意志に従属させられて

に応じてそのつど、われわれを操作する。このとき、われわれはたんなる法則性以上のもの、すなわち「火星人の自由」によって操られているように見えるだろう。そして火星人の超越性は、決定性ではなく、自由の立場のもとで発揮されているように見える。

だがこうした想定において、われわれは火星人を擬人化している。われわれは自分の所有する自由意志を——それが何なのか不明瞭なままに——超越者としての火星人に譲り渡すことで、その「自由」による被支配としての、われわれの不自由を想像するのだ。それゆえ比喩的に表現するなら、この想像上の火星人もまた「人間」であることから逃れられず、その意味で彼らはわれわれと可能性の限界をともにする（超越論的自由論への第一歩がここにある）。

遠隔操作の場合だけでなく、オリジナルのM装置の事例においても、非明示的なこの「自由」の譲渡は思考実験の力を増している。すなわち、人間が外部の（超越的な）自由の被操作対象と見なされることで、決定論の想定におけるよりも強く、人間の（行為の）自由への懐疑が生じる（だからこそヴァン・インワーゲンも、決定論だけでなくM装置の事例を必要とした）。だが、自由をこうして超越的な外部へと押しやることは、自由の本質を解明しない。火星人がもし自由であるなら、そして火星人が自由であることの意味をわれわれが理解できるとするなら、それによって支配されるというかたちで人間の自由は脅かされうる。だがわれわれの問題は、それすなわち自由そのものの不明瞭さにあった。火星人の自由がわれわれの自由の代替物でしかないのなら、問題は先送りされたにすぎない。火星人にとってのその「自由」とは何なのか、まったく明らかではないからだ。

4　分岐図の外へ

第一章で見た分岐問題への考察は、責任論や自由論とまだ結びつけられていなかった。それゆえわれわれは、責任や自由に関する直観的偏見から逃れて、次の事実と向き合うことができる。諸可能性からただ一つの可能性を現実化させる要因は、人為的なものであれ非人為的なものであれ、時間分岐図上に定位しえない。ただ偶然のみが無要因の要因として、つまり、諸可能性を選ぶ要因としてではなく、ある個別の可能性の無根拠な現実化そのものとして、承認されうるにすぎない(54)。だからこの場合、ある時間に偶然が在ることは、ある時間に分岐が——分岐問題を形成する「今」の推移を伴った分岐が——在ることと同義となり、それ以上に付け足されるべき偶然特有の要素はない。もしこのような偶然（＝分岐）が在るなら、諸可能性の一つは無根拠に現実化するだろう。もしそのようなものが無いならば、単線的決定論が真となるだろう。

第一章での議論は、いま見た意味での偶然の実在性について中立的であった。さきほども述べた

しまうことが、何より自由な感じにとって致命的ではないだろうか」と述べている（*ibid.*, p. 17）。

(54)　第一章で見た通り、個々の偶然的生成が「無根拠」であることは、その生成が何らかの法則性をもつこと と矛盾しないし（↓同章第5節）、また、反事実条件分析を満たす意味での「根拠」を承認することとも矛盾しない（↓同章第2節）。

理由から、偶然が実在するか否かを人間が知りうることに、私は否定的である。すなわち、今日の人間の認識論的限界によってそれ以上の原因を遡及しえない現象（すなわち擬似的な偶然）と、無根拠な真の偶然とを、見分ける方法が私には分からない。[55]もし偶然の実在性について何らかの結論を出せるとしたら、偶然は実在しえない——たとえば概念的矛盾をはらむため——ゆえに実在しない、といった種類の否定的結論しか考えられない。もちろん、何らかの確率的法則の有効性がそのまま偶然の実在性を保証しないことは、量子力学の解釈をめぐる厄介な論争からも明らかだろう。それゆえ本書では、偶然が実在するか否かについての論争に立ち入ることはなく、ただ、偶然に見えるもの——疑似偶然であるか真の偶然であるかが今日のわれわれに識別不可能なもの——が世界には存在することのみを認める。そして偶然そのものについては、もし偶然が実在するならば何が言えるか、といった仮言的なかたちでのみ論じることにする。

前節までの自由意志についての議論を、分岐問題の文脈に置いてみよう。自由意志説の代表といえる行為者因果説において、ある可能性の現実化が「自由に」なされる際の要因は、分岐図のどこに位置するのか。この問いに対してわれわれはひとまず、「分岐点上に」と答えたくなる。行為者因果説における行為者は、諸可能性のまさに分岐点において行為をひき起こすように見える。つまり、行為者自らが因果の起点となる仕方で。こうして、〈第一原因〉や〈自己原因〉といった、伝統的に神に付されてきた特殊な働きが、行為者にも付されることになる。

とはいえ、行為者をそのように分岐点上に定位することは、行為者因果説の神秘主義的な難点を浮き彫りにするだろう。たとえば、分岐点上に置かれたその行為者はいかなる意味で「その時点に在る」と言えるのか。あるいは、その行為者は通常の出来事間の因果連鎖にどのようにして影響を及ぼせるのか。これらの難問に関しては、行為者は通常の時間系列（因果系列）から脱したところに位置する――そしてそこから影響を及ぼす――といったカント的回答がありうるが、この種の回答は行為者因果説への疑念をより深めるものである。

自由意志説の一つに数えられることの多い、ケインの自由論はどうだろうか。彼の議論において、諸可能的行為の「自由な」現実化は、結局のところ偶然に基づく(56)。すなわち、量子力学に代表される非決定論的（確率論的）な自然法則による出来事の現実化が、他でもありえた行為としての「自

(55) D・C・デネットによるケイン批判の中心的論点の一つがここにある（Dennett［2004］, ch. 4, sec. 5）。なお本章後半での議論に、デネットのその批判が直接効いてくることはない。自己形成的行為（self-forming actions）についてのケインの議論と異なり、本章後半の議論においては、真のランダム性の実在が必須の前提とはされていないからだ。

(56) ただしケインはその偶然にさまざまな要素を加えており、それは、彼の言う自己形成的行為と調和的なものでなければならない。すなわち、第一章第5節でも見た通り、偶然によって選ばれる諸選択肢は熟慮に沿ったものであることが求められ、さらに過去の人格形成とも整合的であることが望ましい（ベルクソン的な人格と行為の一致）。他方で、熟慮や人格形成といった追加要素は――それだけを見るなら――決定論とも両立的なものであるから、その点にケインの自由論への疑念をもつことは自然だろう（Dennett［2004］, Mele［2006］, 美濃［2008］, 鈴木［2011］など）。

由な行為」の余地を作る。この場合にもわれわれは、自由の要因たるその偶然を分岐点上にまずは定位したくなるだろう。しかし、偶然をまるで一種の出来事のようにして分岐点上に置くことは、ついさきほどの考察によれば、ある誤解に基づいている。あの考察が正しいなら、分岐の存在そのものが偶然の存在と同義なのであり、もし世界に偶然が存在しないならば、時間軸上の分岐も存在しない。だから、分岐点上に偶然という出来事（あるいは出来事のような何か）を定位することは冗長もしくは無意味なのであり、分岐図上のどこに偶然が位置するかという問いも、不自然なものとなる。

　次のように考えてもよいだろう。歴史選択の要因が分岐点上にあるという返答は、分岐問題において、こう退けられていた。――分岐点上のあらゆる出来事は両方の歴史に含まれるのだから、一方の歴史を選ぶ役には立たない――。同様に、歴史Aと歴史Bの分岐点上にもし偶然を置くなら、それは歴史Aにも歴史Bにも含まれていることになるが、その同一の偶然は歴史Aにおいては歴史Aが選ばれるような、歴史Bにおいては歴史Bが選ばれるような働きをしなければならない。偶然が自己同一性をもったものであるなら、この要請に答えることは難しい。分岐の存在そのものが偶然の存在と同義であると私は述べたが、この一節における「分岐の存在」を「分岐点の存在」と読み替えることはできない。偶然の存在は、分岐点ではなく（分岐点を含んだ）分岐の存在――「今」の推移を伴った――と同義だからである。

　このとき、「しかし、その分岐において一方が選ばれる要因は何なのか」と重ねて問うことはできない。そのような要因がないということが、偶然の選択ということの意味であり、つまり偶然はこの選択において主語の働きをするものではない。偶然が、とりわけ出来事化された偶然が無根拠に選択をするのではなく、無根拠な選択（主語なしの選択）がなされること自体が偶然なのであり、このとき「選択」という語は特殊な比喩となっている。実際には、偶然の選択などありえず、諸可能性の一つがなぜか、無根拠に、現実となっていくにすぎないのだが、そこに行為とのアナロジーを見たとき――神あるいは自然による選択――偶然は選択の主語としていわば擬人化されることになる。

　こうして、自由意志説における分岐問題への応答は、行為者因果説であれケインの説であれ、奇妙な展開を見せることになる。現実化の要因はまず分岐点上に求められ、次いでそれは、分岐図のどの箇所への定位をも拒む。幾人かの論者はここで「垂直的な」因果――分岐点において通常の因果系列（時間系列）に直交する因果――という図式を持ち出すが、それが一種の目くらましであることは、残念ながら否定しがたいだろう。

　黒田亘の因果論は、自由な行為の理解に関して、行為者因果説との強い類似性をもつ。(57)「手を上げる」のような行為と「手が上がる」のような出来事は、時間的に直交するのか。すなわち、行為の「垂直的」因果系列は、出来事の「水平的」因果系列に、ある時間的位置で直交するのか。黒田

（57）　黒田［1975/1983/1992］.

はこの問いに「直交する」と答えるが[58]、私は過去の論文において――行為者因果説全般への批判を念頭に――その応答を批判した[59]。

後期ウィトゲンシュタインの有名な問い――手を上げることから手が上がることを引くと何が残るか[60]――に対し、その拙論では以下のように述べている。「だが私が気になるのはむしろ、手が上がることから手を上げることを引き去ったとき何が残るのかである。［……］手が上がることから手を上げることを引けば、時間的位置の確定性が残る。そのことによって「手」をもつ「私」は、時間的存在として捕捉される[61]」。この一節のあとに展開される議論は、本書第四章で見る「主体」論を先取りするものであり、そして、行為者因果説の真の動機――「時間的に定位不可能な「私」を定位不可能なままに定位したい」との欲求[62]――を尊重しながら、行為者因果説の字面上の主張――すなわち行為者因果の実在――を否定するものとなっている。

> 手を上げることから手が上がることを引き去ったとき、時間的位置の不確定性が残る。この存在論的な「マイナス」は、主体としての「私」の選択が、偶然性と必然性の間で揺れることを可能にするだろう。そして、その揺れの可能性が主体の自由と見なされるだろう。時間的に定位不可能な「私」を定位不可能なままに定位するとは、まさにそういうことである[63]。

主体としての「私」が仮に時間的に定位されたなら――行為と出来事の直交点が定められたな

ら――、偶然と必然のいずれでもない場所での主体の選択は許されない。その意味で、時間的対象となった主体はもう、主体であり続けることができない。主体は偶然性に同化するか必然性に同化することで「主体」の用法と抵触し、主体ならざるものになる。偶然と必然の中間地

(58) 黒田［1975］第十一章。
(59) その批判は三つの段階から成る。黒田は基礎行為に関して――彼はそれを時間の直交点に置く――因果連関の内的な全体性、因果連関の閉鎖性、動かすものと動かされるものとの非対称性を指摘するが、それらは基礎行為に特有のものではなく、黒田の言う「基礎行為の端的な知覚」はその内実が不明瞭である。第二に「端的な知覚」に訴える議論は、以下の理由から、因果了解の制度化を主張する黒田の他論（たとえば黒田［1983］第八章）とも折り合わない。「実践としての制度化が基盤にあるなら、その制度化をさらに支える基盤を――たとえば生成論的考察によって――求める必要はない［……］。基礎行為の例で言うなら、ある出来事が基礎行為と見なされ、他の出来事がそう見なされないのは、われわれの実践がなぜかそのような一致をもつからであり（制度化はこの一致の後に始まる）、この一致に先立つ何らかの（生成論的）事実によって基礎行為が把握されるからではない」（青山［2010］, p. 97）。そして最後に、「分岐問題」を先取りした――行為者因果説全般に対して有効な――批判として、基礎行為の「主体」を的確に時間軸上に定位することはできない。第二点については拙著にて、ヒューム解釈のかたちで、より一般的に論じた（青山［2012a］, pp. 152-155）。
(60) Wittgenstein［1953］第I部六二一節。
(61) 青山［2010］, pp. 98-99.
(62) *Ibid.*, p. 98.
(63) *Ibid.*, p. 99.

帯でしか規範性は生き残らないからだ。(64)

5　両立的自由

では次に、両立論と分岐問題との関係について考えてみよう。本来なら、ここに直接的な関係はない。両立論者は普通、決定論が真であるとは主張せず、仮に決定論が真であっても自由は成り立つことを主張する。それゆえ、仮に決定論が正しく時間系列が単線であったとしても両立的自由は成立するし、仮に非決定論が正しく時間系列が分岐していたとしても両立的自由は成立するとされる。両立的自由の各種の規定によって――それらは排他的なものではなく複数の規定が真でありうる――ある行為を（両立的に）自由と見なす根拠は、単線的／分岐的時間系列のさまざまな場所に、出来事や性質として定位されるだろう。たとえば、ある行為の実行以前に熟慮を重ねていたことや、その行為と整合的な人格形成をなしていたこと、などとして。しかし時間系列上の分岐の有無は、両立論にとっても微妙な問題を生む。そのことを、いまから確認していこう。

両立的自由のための素朴ながらきわめて重要な規定は、邪魔されずに（unencumbered）したいことをすることだ。しかし、この「邪魔のなさ」には以下で見るような多義性がある。それはまず、ホッブズの言う「制止するものがない（no stop）(65)」状況、つまり、ある行為への意志とその行為の実現のあいだに「妨害」がないことを意味する。そして「邪魔のなさ」はさらに、意志していない行為を強いられることがなかった、という意味での「強制」のなさを意味する。上記の「妨害」と「強制」の区別は直観的には明らかに見えるが、両立的自由の議論において的確に区別されていないことも多い。さらに、こうした「邪魔のなさ」の存在論的な意味づけはしばしば曖昧だ。たとえば、いま私が（両立的な意味で）自由に手を挙げたとして、そのとき、身体拘束のような「妨害」がなかったとか、催眠術のような「強制」がなかった、といった否定的な出来事（あるいは事実）に、どのようにして時間的な位置を与えればよいのか。

ある特定の行為Aに関して、Aをするように心を決める（is about to make up one's mind）ことをMaと呼び、他方、Aをしないように（もしくはAと排他的な他の行為をするように）心を決めることをM¬aと呼ぶことにしよう。そしてある行為者が現実に、ある時点においてMaをなし、その後、「妨害」なくAを実現したとする。このとき、その「妨害のなさ」を意味づける有力な方法は、Maをなしつつもある介入によってAを実現しえなかった反事実的可能性を、真性の可能性として——たんなる仮想ではなく現実化しうる個別の可能性として——承認することだろう。ここで求められているものをより正確に言えば、Maをなす時点まで同一の歴史内容をもちながら、その後、現実の歴史の側にはなかった何らかの出来事が生じたことでAの実現が妨げられるような、可能的歴史の存在である（ここでは可能性の時間分岐図が想定されている）。

（64） *Ibid.*, p. 100.
（65） ホッブズ［2009a］, p. 292.

「強制のなさ」の規定については、もう少し考慮が必要だ。上記の意味で「強制」なくAを実現したと言えるのは、現実にAを実現した行為者が過去に自らMaをなしており、そのMaとA実現のあいだに自らM¬aをなしていない（心変わりをしていない）場合である[66]。しかし注意が必要なのは、「自ら」という表現の働きであり、この表現は循環的にではなく――つまり「強制のなさ」としてではなく――理解されなければならない。この点に関して両立論者の多くは、催眠術や洗脳によるMxを「自ら」なしたものとは見なさず、さらに、ある種の精神的疾患（依存症等）によるMxも「自ら」なしたものとは見なさないだろう。この見解には自然さがあるが、それは堅固なものではなく、たとえば、洗脳と教育はどう違うのか、どこからが精神的疾患でどこからがそうではないのか、そして何より、決定論的になされたMxはなぜ両立論者にとって「自ら」のものでありうるのか、といった疑問は深刻なものとして残される[67]。

こうした疑問への応答は今日さまざまに行なわれているが、決定的な答えは得られていない。それは無理のないことであり、精神的疾患の線引きひとつとっても、法学的・医学的な揺れをかなりの程度、許容せざるをえない。そしてここにはどうしても、責任論からの「逆算」が顔を出す。多数の人々が罰したいと感じる行為者を合法的に罰せられるよう、上記の「自ら」を事後的に意味づけるたぐいの「逆算」が、である。社会的な実践としてそれは価値ある営みかもしれないが、本節のような議論にとっては、けっして満足のいくものではない。

「自ら」の意味づけに悩まされないかたちで「強制のなさ」を規定することは難しい。いまはこの問題を保留して――それは両立論者にとっての課題として残される――仮にMxが「自ら」のものか否かを正しく判別できた場合、「強制のなさ」をどのように規定できるかを考えてみよう。それはまず、「自らのMaとAとのあいだの、自らのものではないM┐aの不在」として規定され、そこでは、もしそのM┐aが存在したならAはなされなかったという反事実的可能性が、真性の可能性として承認されている。この規定における「強制のなさ」は狭義のものと言ってよいが、形式上の同型性からそれは「妨害のなさ」の一種であることが分かる。次に、より広義の「強制のなさ」がAに対して認められるのは、「自らのMaがそもそも不在で、何らかの介入によってA実現に至った」という反事実的可能性が現実化していないとともに、その反事実的可能性が真性の可能性として承認されるときである。ここでの「何らかの介入」は、Maと無関係のものであってもよいし、自らのものではないMaの付与であってもよい。

「妨害のなさ」、狭義の「強制のなさ」、そして広義の「強制のなさ」――、これらの「なさ」で多

(66) MaやAの内容によっては、例外的な状況もあるかもしれない。たしかに本人が意志した行為だが、それを何らかの介入によってさせられてしまうような状況が。だがそのような状況についても、MaやAの内容の記述をより細かなものとすれば――とりわけそこに行為者や行為時点への言及を含むなら――介入によってさせられた行為はもともと意志したAとは異なる、と述べることができるだろう。

(67) これらの疑問の詳細については、Conee & Sider [2005] 第六章最終節に、具体例の多い平易な解説がある。

義的な「邪魔のなさ」の外延を隙間なく埋められるかは不明だが、その外延のほとんどの部分を埋めることは可能だろう。それゆえ、この「邪魔のなさ」について、私は次のように言うことができる。決定論的な現実の歴史だけを見て、反事実的可能性を真性の可能性として承認しないなら、両立的自由の規定に含まれる「邪魔のなさ」の理解は困難であると。決定論と自由の衝突に関し、両立論者はしばしばある特定の行為に関する他行為可能性のなさに注目し、それと自由が両立すると述べるが、この応答は不十分なものである。決定論の脅威は、特定の他行為可能性のなさだけでなく、あらゆる出来事の反事実的可能性のなさに関わるのであり、そのうえで上記の「邪魔のなさ」を規定できるかどうかが問題だからだ。

分かりやすく「妨害」に的を絞って述べよう。仮に（単線的）決定論が正しいとして、[68] ある行為者が現実に、MaをなしAを行なったとする。さてこのとき、「Maをなし、その後、妨害なくAを行なった」ことと、「Maをなし、その後、Aを行なった」こととの違いを、明確に付けられるかどうかは疑問だ。MaからAまでのあいだにいかなる出来事が起こっていようと、現実にAが実現されており、そしてそれ以外の諸可能性がなかった以上、妨害はなかったと言わざるをえないのではないか。いや、より正確に表現すれば、妨害の有無を有意味にするための反事実的可能性——ある出来事によってAが妨げられた可能性——がない以上、その「妨害のなさ」は実質をもたず、無内容なのではないだろうか。

いま直視されているのはある個別事例についての「妨害のなさ」であり、トークン（個）からタイプ（種）に目を移すだけで問題を解消することはできない。さらにここでは、（単線的）決定論に厳格に準じていない日々の直観もさほど信頼が置けない。直観的には、たとえば私が手を挙げたときに一定の出来事タイプ――身体拘束のような――が不在であるなら、私は妨害なく手を挙げたように見える。しかしこのような直観は、過去のタイプ的知見をあるトークンにナイーブに当てはめたものであり、その「当てはめ」の難点を顧慮していない。あるトークンとしての挙手に関し、それとよく似た過去の挙手についてどのようなタイプ的知見があろうと、決定論下で当該の挙手が妨げられた可能性があったとは言えない（その可能性は事実ない）[69]。そして目下の問題は、妨げられることがけっしてありえない行為トークンが「妨害なく」実現されたと言うことの、概念的な空虚性である。

ここにある問題は、「条件分析（conditional analysis）」による両立的自由の擁護――おもに二十世

(68) 第一章で見た通り、偶然を排した決定論的描像は――法則的決定論の正否にかかわらず――単線的決定論に行き着く。その描像下の歴史において、行為者がMaをなし、のちにAを実現したならば、それ以外の可能的歴史はない。

(69) これはちょうど、D・C・デネットが「オースティンのパット」と呼んだ事例の変種となっている（Dennett [2004], ch. 3, sec. 3）。ただし本節で導かれている見解は、デネットの見解とは対照的なものだ。その一つの理由は、デネットがもっぱらこれから行為をする際の「能力（can）」の問題に目を向け、過去のある行為トークンへの判断を十分に顧慮していない点にある。過去のトークンへの注目が責任論において果たす役割については、次節末部や補論3などを参照。

紀前半になされた――が抱えていた問題と類比的である。その擁護において「他の行為もできた」ことは、もし他の意志をもっていたなら他の行為をしただろう、といったかたちで分析されるが、決定論の世界には結局、「他の意志」の可能性はない。条件分析における上記の反実仮想は真性の可能性に届いておらず、その点を衝いた自由意志論者からの批判に同分析は十分に答えることができない。この問題の存在は、条件分析のもとで「能力（can）」を語ることが意義をもつ――過去のタイプ的知見もその際には役に立つ――という事実と、独立に理解されるべきである。

「妨害のなさ」についての上述の議論は、狭義の「強制のなさ」についてはもちろん、わずかな修正を加えることで広義の「強制のなさ」にも当てはまる。それらをひとまとめにした「邪魔のなさ」に関し、両立的自由の規定にそれが不可欠であるなら、その規定が決定論と整合的かどうかは重要な問題だ。もちろん論者が望むなら――多くの困難が予想されるが――このような「邪魔のなさ」の条件を両立的自由の規定からひとまず外すことはできる。たとえば、行為Aを（両立的に）自由に行なうとは、Aをなぜすべきかについての熟慮や、Aと整合的な人格形成を、A以前になしていることに尽きる、といったように。だが注意が必要なのは、「邪魔のなさ」のそうした表面的な消去が、反事実的可能性についての上記の問題を本当に克服できているかどうかだ。とりわけ今日の両立論はフランクファートの議論の強い影響下にあり、他行為可能性のなさと自由（責任）の両立をおもな争点とすることが多いが[70]、そこではしばしば非明示的に反事実的可能性が承認されている。次節では有名なフランクファート・ケースを対象に、この点を引き続き確認しよう。

6　両立的責任

決定論と責任との両立論争において有名な、いわゆるフランクファート・ケースでは、次のような事例が想定される。[71] ある行為者がMaをなし（Maの定義は先述の通り）、その後、妨害を受けることなしにＡを実現したのだが、もし仮にその行為者がMaではなくM¬aをなしたとしても、そ

（70）いわゆるＰＡＰ（the Principle of Alternative Possibilities）をめぐる諸議論。ＰＡＰがもし正しいならば、ある行為について行為者が責任を負うのは、他の行為を行なえた場合に限る（他の行為を行なえなかった場合には、行為者は責任を問われない）。次節で見るフランクファート・ケースは、ＰＡＰが偽であることを示すものだとしばしば考えられており、それゆえ、ＰＡＰの擁護者はフランクファート・ケースの難点を指摘してきた。こうした議論を重ねることで、フランクファート・ケースには多くの新たなバリエーションが生まれ、ＰＡＰについても、より正確な定式化が試みられている。なお、そうした議論で語られる「自由」はもっぱら責任論的なものであるため、本書でもしばらくのあいだ、「自由（責任）」という表現を暫定的に用いる（本書の各所で述べている通り、私自身はこのような、責任論とその他の混同を招く「自由」という語の使用は好まない）。

（71）「フランクファート型事例（Frankfurt-style cases）」と記すのがより適切であるが、簡便のため、本書では「フランクファート・ケース」と記す。Frankfurt［1969］ではいくつかの事例が検討されているが、とりわけ「ジョーンズ4」に関する事例が、今日、フランクファート・ケースとして広く論じられているものにあたる。

の行為者はAを実現してしまう。なぜなら、その行為者がどのような意志をもつのかを監視している人物（あるいは機械）が存在し、行為者がM¬aをなしたときに限り、それを取り消して行為Aを決意（decide）させるような強制——前節の表現で言えば狭義の「強制」[72]——を行為者に対してなすからだ（たとえば脳操作などによって、行為者自身には気づかれずに）。そのため、この行為者がAを実現しなかった可能性はない。フランクファートはこの事例をもとに、ある行為が有責であるために他行為可能性は不要であると述べた。というのも、現実に生じた出来事——Maののち強制なしにAを実現した——を見るなら、行為者はAの実現に関して有責だと思われるからだ。

　上述の「行為A」と同様、フランクファートのオリジナルの叙述でも行為の具体例は述べられていないが、近年では「殺人」などの具体例を用いてフランクファート・ケースが紹介されることが多い。たとえば人物X、Y、Zに関して、Yに殺意を抱いていたZが、同じくYに殺意を抱いていたXの様子を観察し、XがYを殺そうと決意しなかったときにのみXの決意を操作する——Yを殺す決意をさせる——といったように[73]。この状況下におけるXは、自分自身の決意でYを殺した場合でもYを殺さない可能性（他行為可能性）はなかったとされるが、その事実をどう考えるかがフランクファート・ケースの争点となる。ただし、こうした具体例によって想定が語られる場合には、オリジナルの想定にはない独自の条件が足されていることもあり——たとえばMaがいつまでに生じなかった場合に操作がなされるかについて——その点は注意が必要である。

　フランクファート・ケースについては、すでに多くの検討があり、事例のさまざまなバリエーションとそれらの分析が提出されている。(74) しかしいまは別の角度から、前節の問題との関連を考えよう。上記のフランクファートの主張が仮に一定の説得力をもつとしても、両立的自由の規定にいっさいの反事実的可能性が不要であるとは限らない。「強制のなさ」を意味づけるのに、「強制によってある行為をなしえなかった反事実的可能性」が必要なのだとすれば、決定論的世界においてそれを確保することは困難だからだ。そして、両立的自由をめぐる議論とは何より、決定論との両立可能性を検討するものであり、他行為不可能性との両立可能性を検討するものではない（他行為不可能性は、決定論からの帰結の一部にすぎない）。それゆえ、フランクファート・ケースにおける自由

(72) ただし、ここではAではなく「Aが妨害されるかたちで、Aが強制されている。狭義の「強制」は妨害の一種であるが、その際、強制されている行為と妨害された行為は同じではない。
(73) 瀧川［2008］, pp. 33-34.
(74) とくに重要な文献としては、van Inwagen［1978］, Widerker［1995］, Otsuka［1998］, Mele & Robb［1998］などが挙げられる（邦語文献としては、本節で言及したもののほか、成田［2004］, 吉原［2007］など）。このほか、C・E・フランクリンは近年、D・ハントやD・ペレブームを「新フランクファート主義者」と呼称し、彼らの議論が、フランクファート・ケースをめぐる従来の議論と異なっている点を指摘した（Franklin［2011］）。新フランクファート主義者は、フランクファート・ケースのあるバリエーションを素材に、PAP（先述の注を参照）が偽であることではなく――たとえPAPが真であっても――行為を説明するうえでPAPが無関係であることを主張する。ただしフランクリン自身はこの主張に否定的であり、PAPの時間性（Maがいつまでに生じなかった場合に操作がなされるか等）に注目したうえで、その理由を述べている。その他の近年の展開としてはCova［2014］など。

（責任）が他行為不可能性ともし両立するとしても、決定論とそれが両立するとは限らず、もしその両立が不可能なのであれば、フランクファート・ケースで認められたものはじつは両立的自由ではない。

フランクファート・ケースの核心は、（強制なしの）MaからAへ至る可能的歴史と、M┐aから強制を経てAに至る可能的歴史とを時間的に分岐させ、Aが生じない歴史を諸可能性から消去することにある。こうして、Aの有無に関しては「有」以外の他行為可能性はなくなる。さてこのとき、このストーリー全体が（単線的）決定論と相いれないかたちで提出されているのは明らかだ。もし決定論が正しいなら、MaからAへ至る歴史が現実であった場合、M┐aから強制を経てAに至る反事実的歴史は、可能なものではない。Maの代わりにM┐aをなしていた可能性は、決定論的世界にはそもそもない。つまりフランクファート・ケースでは、非決定論を前提とすることで強制の有無に実質を与えている。

中島義道はこの非決定論の前提に関して、フランクファートは「他行為可能性がない（他行為が不可能な）場合でも自由（有責）でありうる場合を論証しようとしながら、その前の「決意しようとする」段階で他行為可能性の一形態である「他決心可能性」を認めている」がゆえに、彼の論証は成功していないと述べている。(75)私ならば、フランクファート・ケースのこの構造に関して、次のように述べたい。行為ということで身体行為のみを考えるなら（ゆえにMaやM┐aを行為に含めないなら）、フランクファートの論証は、他行為可能性のなさと責任が両立しうる余地があることを示唆する。しかしその議論は、決定論と責任との両立可能性の議論とは別であり、決定論と自由との両立可能性の議論からは、さらに遠い場所にある。この意味で、フランクファートの論証を両立的自由の擁護として解釈することは、二段階の錯誤をおかしている。

この種の議論においてはおそらく、両立的自由と両立的責任という語の区別を潔癖なまでに付けておくことが、混乱を防ぐうえで有効だろう。(76)「両立」の意味が、決定論との両立性から他行為可

(75) 中島［2006］, p. 25. 中島のこの議論については、Mxは行為Xへの決心（decide）ではなく、Xを決意（決心）しようとすること（is going to decide）にすぎない――それゆえ中島の言う「他決心可能性」は認められていない――という指摘がありうるが（瀧川［2008］, pp. 40-41）、少なくとも本節にとってこの指摘は重大なものではない。第一に、Frankfurt［1969］のオリジナルの叙述を見ても、ある行為の実行を「決意しようとする」ことは、その実行を「心に決める（is about to make up one's mind）」ことの置換表現となっており（p. 835, 邦訳 p. 91）、Mxを何らかの心的現象と見なすことは自然である（それを「赤面」のような身体現象に限定するのはむしろ不自然であり、そうした身体現象はMxではなくMxの表出――そしてXへの決意の「兆候」――として理解することが十分可能である）。そして第二に、M¬aは¬A実行の必要条件であり、それが「行為」であるか「非行為」であるか（M¬aが「なす」ものであるか、たんに「起こる」ものであるか）といった問題にかかわらず、M¬aがきわめて重要な他の可能性であることは間違いない。なお、Mxの本性については第四章第6節でふたたび論じる。

(76) たとえば瀧川［2003］では、この区別を慎重に付けたのちに、同書では両立的責任の問題を――両立的自由の問題ではなく――おもな対象とする理由が詳述されている（pp. 50-53）。なお、同箇所における「問題性の問題」の指摘は興味深いものであり、本書はいわば、私なりにその「問題性の問題」を直視したものだと言ってよい。すなわち、両立的自由の問題が――両立的責任の問題ではなく――なぜそもそも問題であ

能性のなさとの両立性に縮小していないかを、つねに確かめる必要もある。ここで改めて述べておくなら、本書全体を通じて私は「両立」を決定論との両立の意味で——明確な断りのない限り——用いており、そして第一章の議論をもとに、単線的決定論との両立性も考慮に入れている。本書全体の第一の主題はこの意味での自由の両立性にあり、他行為可能性の有無や責任帰属の可否は、部分的問題としてしか現われない。それゆえ、他行為可能性のなさと責任の両立をめぐる議論を、決定論と自由の両立をめぐる議論の代表と見なすこともない。

D・ペレブームは「両立論」に対する批判として、決定論における操作（manipulation）の問題を指摘した[77]。何らかの操作——たとえば脳への——を受けることでAをなした人物がその行為の責任を問われない場合と、決定論的世界においてある人物が普通にAをなした場合（日常的には責任を問われる場合）とのあいだに、「両立論」は重要な違いを見出すことができない——それゆえ「両立論」には問題がある——とペレブームは論じる。ここでは明らかに「両立論」は両立的責任論の意味で用いられている。

ペレブームはこの議論において、操作の強さがそれぞれ異なる三つの仮想的状況を検討している。いずれの状況でも行為者は殺人をなすが、その殺人への意志と行為を促す、因果的な操作を受けている。ペレブームはそれらの状況で行為者が免責されるとの直観を、何らかの操作によって意志と行為が因果的に決定されていることに求める。そして、あからさまな操作はないが因果的決定論が真である世界との比較を行ない、その世界においても意志と行為は因果的に決定されているのだから、責任は問われないことになる――つまり両立的責任論は破綻《はたん》する――と述べる。因果的決定論の世界にはいわば「隠された操作」がある、というわけだ。

他方、メレは以上の議論に対し、ペレブームの三つの仮想的状況に非決定性を加えたバリエーションを提示して、それらにおいても直観的に免責はなされると主張する。(78) メレの主張が正しいなら、意志と行為が因果的に決定されていることは免責にとって重要ではなく、それゆえ三つの仮想的状況における免責への直観は、非両立的責任論へと人々を導くものではない。こうしてメレは両立的責任論を擁護し、先の直観的な免責の根拠を、因果的決定性以外のところに求めていく。

私はこうしたやり取りに一定の面白味を感じるが、しかし直観に基づくこの種の議論が、「責任」概念の日常的使用の追認（そして逆算的な自由論の構築）を目的としたものなのか、その他の目的をもったものなのか、分からなくなることも多い。そしてすでに述べた通り、少なくとも本章の議論において、前者は主要な目的ではない。それゆえ、上記のメレの指摘が前者の目的において仮に正しかったとしても、本章の議論がそのことによってとくに影響を受けることはない（もし影響を受けるとすれば第四章の議論においてであろう。なお第四章第6節ではフランクファート・ケースについて再考し、ロックの思考実験には見られない概念的問題を、それが抱えていることを指摘する）。

るのかを、責任実践の追認とは別の仕方で、本書では明らかにしようとしている。

(77) Pereboom [2001], pp. 110–117.

(78) Mele [2006], pp. 138–144.

両立的責任論に関し、次の補足をしておこう。前節の末部で見た通り、論者がどうしても望むなら、自由の規定から非決定論的な「邪魔のなさ」の条件を排除することはできる。そして、反事実的可能性の承認をいっさい排除することもできるかもしれない。しかし、そのようにして得られた規定の有用性は疑わしいものであり、とりわけ、責任をめぐる倫理的実践とそれを調和させることは難しい。たとえば、身勝手な理由から殺人をおかした人物を咎《とが》めるさい、われわれはその人物に対し、今後それと同タイプの行為（身勝手な殺人）を慎むことのみを求めてはいない。ほかでもないあの殺人について、それをしないこともできたのに、それをしたことへの自責をも求める。すなわち、当該の行為トークンは避けえたのでなければならず――少なくともそう信じられていなければならず――そこでは決定論と非両立的な反事実的可能性の承認が欠かせない。補論3ではこの問題を「調教」と「教育」の違いとして論じ、さらに第四章第2節では補論3の見解を掘り下げている。

7　偶然の自由

われわれは、「偶然 chance」あるいは「運 luck」といった語に、ある先入観をもっている。「たんなる」といった修飾を付けずとも、それらを価値のない「たんなる」ものとして見てしまうという先入観を。ここで言う「価値のなさ」とは、偶然によってもたらされた結果――たとえば幸運な結果や珍しい結果――に関してのものではなく、偶然そのものに関するものであり、われわれがそうした偶然そのものに積極的な価値を見出すことは珍しい。つまり、ある偶然によってもたらされた結果の内容とは独立に、その偶然の生成自体を僥倖として捉えることは。しかし、分岐問題への考察を経たわれわれは、そのような生成がもし存在するなら、それがかけがえのないものだということを知っている。なにしろそれは、単線的決定論を採らずに分岐問題を解消させうる唯一のものであり、その形而上学的な稀少性においても、自由意志にひけをとらないであろうから。

自由意志を偶然の一種とする見解、とくにそれを確率的偶然の一種とする見解については、過去に考えられてきた以上に好意的な評価を与える余地がある。この見解は、自由意志とは偶然の一種にすぎないと述べるものではないし、自由意志は本当は存在しないと述べるものでもない。そうではなく、むしろこの見解によれば、偶然というものが仮に存在するなら、自由意志はその一種であることによって、ようやく本当に存在することができる。偶然の一種であることは、自由意志にとって存在への限られた道なのである（もしこれが自由意志を矮小化する見解だと感じるなら、むしろ自分は偶然を矮小化していないかを問い直すべきである）。

偶然の実在性について中立的である以上、この意味での自由意志の実在性についても、私は中立的である。だから私は自由意志論者ではない。しかし私は、自由意志の実在性の擁護が無駄な試みであるとは考えないし、仮に偶然が実在するなら、その特別な一種としての自由意志もまた実在しうると考える。本書第四章までの議論が全体としてもし正しいなら、われわれが「自由」と呼ぶものは各種の成分のアマルガム（合金）であり、実在的偶然は――とりわけ三人称的観点において――その重要な一成分となる。自由が偶然と等価なはずがない、という直観的反発は、偶然が自由の全成分であったらという仮定によるところが大きく、その種の反発はしばしば、「たんなる偶然」や“*just* a matter of chance [luck]”といった表現の使用をまねく。しかし、「全成分であったら」という仮定を外すなら、われわれはこうした修辞にあまり惑わされるべきではない。

一般に、「たんなる偶然は自由の基盤になりえない」といった発言における「偶然」は、純粋な偶然（＝分岐）として思い描かれてはいない。それは、サイコロやくじ引きによる人工的偶然と同等のものとして想定されており、それゆえ、サイコロやくじ引きによる決定を自由意志の発露とは見なしがたいという直観的反発から、先述のような発言はなされる。しかし、そうした人工的偶然の生成機は、それによる決定が人為的決定ではないことを人々に直観させるための道具なのであり、その目的のための特異な設計がなされていることを忘れてはならない。たとえば、サイコロはなぜ六つの面が同じ面積をもち、たとえ決定論的世界においても、認識上はどの目もつねに均等に出るかのようにデザインされているのか。

サイコロとは、いつ、だれがそれを振ろうと、振る者の意図が結果の等確率性の中に霧散してしまうことを人々に直観させる道具であり、その目的に特化したデザインをもっている。法則的決定論が成り立つ古典力学的世界においても、サイコロはこの目的を完全に果たす。「「類似の出来事がもたらす結果の時間的な分布」が確率の正体であり、まったく同一の出来事は歴史上一度しか起こらないとすれば、確率とは、われわれが異なる出来事を「ほぼ同じ」だと見なす傾向性を語ったものになるだろう。たとえばコインを投げて表と裏が出る確率が五分五分のように見えるのは、表が出るときの投げ方と裏が出るときの投げ方がわれわれにとって五分五分の比率で、同じ投げ方のように見えるからなのだ」(79)。この引用で述べられていることはもちろん、サイコロやくじ引きにもあてはまる。だからこそ、こうした偶然生成機における偶然を、偶然(=分岐)の典型例と考えてはならない。

他方、自由意志がもし確率的偶然の一種であるなら、法則性の観点から見ても、それは「たんなる」偶然ではないだろう(80)。確率的偶然のもとで行為する人間は、でたらめな乱数の操り人形ではない。なぜなら確率的偶然の場合、個々の事例は非決定でありながら、事例の集団は法則性(まさに確率的な)をもつことができるからだ。こうした集団的法則性は、人間を完全な無秩序から救い出す手助けをしてくれる。そして個々の事例における偶然性の介在は、他行為可能性と起点性とを人間の行為に与えてくれる。すなわち、人間は大まかには規則的にふるまい、細部においては偶然的

(79) 青山[2011a], p. 128.

(80) もちろん、確率的偶然とは何か――偶然が真に無根拠なものであるなら、確率的法則性をいかにしてもてるのか――という問いはそっくり残されたままであり、ここには分岐問題の相似物があるが、そのことのみをもって「確率的偶然」概念の使用を禁じるのは無理筋だろう。出発点とすべきは、同概念の使用が諸科学にとってきわめて有益であるとの事実であり、同概念の基盤の理解がその有益さに先立つわけではない。

にふるまう、というわけだ。

　こうした集団的な法則性は、複数の人物間にだけでなく、ある一人の人物についても見出される。すなわち、ある人物の別々の時点における行為を集積した場合、そこにはしばしば何らかの法則性が見られる。いわゆる「性格」と呼ばれるのがそれだ。自分や他者が「性格」をもつ以上、いまから自分が何を行ない、他者が何を行なうのかが、まったく分からないということはない。そして確率的偶然は、行為の合理性と計画性や、(81)行為とそれ以前の人格（性格）形成とのベルクソン的一貫性を消し去ることもない。ケインの議論でも確認した通り、ともに合理性や計画性をもった諸選択肢のあいだで偶然が働くことは可能であり、さらにその働きは、「性格」の確率的傾向にも沿うからだ。

　サイコロのような偶然生成機は、法則的決定論に支配されていてさえ、非法則的な「でたらめ」を演出する。他方、確率的偶然は、真に非決定論的なものであっても、上記の意味での法則性（ないし合理性・計画性）を示す。しかし私がこう述べたところで、次の反発は避けられないだろう。「最後は偶然によって決まるのだから、そうした法則性は見せかけにすぎない」。おそらくこうした反発は、「偶然」という語を使う限り、避けられない。この語への上述の先入観は、われわれの精神にとって根深いものであり、ちょうどそれは、〈第一原因〉や〈自己原因〉における「原因」の語への先入観と、ネガとポジの関係にある。すなわち、偶然はどこまで行っても「たんなる」ものであり、実質的働きをもたないものとして把握されているのに対し、原因はけっして「たんなる」

ものではありえず、実質的働きをもつものとして把握されている。そして事実、無根拠な現実化としての偶然は、少なくとも三人称的（唯物論的）観点において、主体性をまったくもちえないように見える。

自由意志は偶然の一種でありうる、とさきほど私は述べた。しかし、いま見ている問題をうまくつかむには、むしろ次のように言ったほうがよいだろう。自由意志と偶然は、通名をもたない何か同じものの、二つの異なった現われでありうると。[82] 時間分岐、すなわち諸可能性から一つの現実が生じることを、その原因のなさ、理由のなさ、無根拠さのもとで捉えたとき、その生成は（たんなる）偶然と見なされる。そこには何かを決める主体も、主体に操られる客体も存在しない（→第四章第1節）。他方それを、諸可能性の選択や、自らを生み出す（かのような）力のもとで捉えたとき、先の擬人化を経た偶然（＝分岐）は、〈第一原因〉や〈自己原因〉としての「原因」――すなわち「起点」――と見なされる。自由意志という概念に求められてきたのが、後者であることは言うまでもない。

（81）Bratman [2000] など。

（82）第四章第7節では、〈自由意志〉と〈不自由〉という二つの現われが、時間分岐という「何か同じもの」についての均衡の両極として語られる。ただし、この均衡における〈不自由〉は世界の偶然化によるものであり――必然化による〈不自由〉は〈両立的自由〉と均衡する――それゆえ同節では本注を付した本文と実質的に同じことを述べている。

神学的な伝統に則り〈第一原因〉や〈自己原因〉を神の働きと同等視するなら――そして本当に無数の分岐があるなら――世界はその隅々まで神の働きに満たされていることになる。こうした独断的描像にもし嫌悪を感じるならば、偶然に関してもぜひ、これと裏返しの独断的描像を採らないことを勧めたい。すなわち、世界がその隅々まで「たんなる」偶然に満たされているという描像もまた、なぜそれが「たんなる」なのかについての説明が果たされていない限り、独断的に偶然の価値を貶めるものである。

本節の最後にもう一度、次の見解を繰り返しておこう。偶然の実在について私は中立的であるが、もしそれが実在するなら、自由意志は偶然の一種でありうる――。とはいえ、私は偶然のみによって自由のすべてが説明されるとは考えない。偶然は通常考えられている以上に重要な自由の一、成分でありうるが、それは偶然がその他の成分と共働するときに限られる。確率的法則の介在はその重要な一例であるし、さらに第四章において私は、他者の二人称性の介在が「偶然の起点化」を促すことを論じる。倫理形成への考察を経た第四章第7節では以上の点がより正確にまとめられ、〈起点〉性と〈偶然〉性とが時間分岐の二つの見え――二人称的観点と三人称的観点それぞれからの――として捉えられる。このとき、いわゆる「自由意志」はアマルガムとしての自由の一つの位置を占め、別の位置を占める「不自由」「両立的自由」と動的な関係をもつことになる。

8　それぞれの値段

自由をめぐる諸説の長短を、従来とはやや違う視点から、本章では順に確認してきた。こうした知見を十分にふまえて私がこれから試みたいのは——序文でも述べたように——対立的な諸説が並び立つ全体的構造の理解であり、また、特定の説によって塗りつぶされたのではない、人間の「自由」とは何かを示すことである。第四章の後半で私はその課題に具体的に取り組むが、いまはもう少し違った観点から「塗りつぶさない」ことの意義を見ておこう。それは、自由と責任についての存在論的な「コスト」の比較に関わる。

もし人間ではなく異星人が——人間に劣らぬ知性をもった異星人が——実際の人間の生活を見ずに、人間の書いた哲学文献や科学文献だけを大量に精査したとしよう。その結果、自由と決定論をめぐる論争に関して、異星人の言いそうなことは何だろうか。

彼らは人間社会における倫理的実践の維持にこだわりがない。それゆえ彼らは躊躇なく、そうした実践を破壊しかねない見解も、事実の追求において掘り下げていくはずだ。たとえば、それは次のようなものである。——分岐問題についての考察を見ても、諸可能性の一つを現実化する力をもった出来事は、歴史のなかに時間的に存在しえない。人間の行為によってであれ、他のいかなる自然現象によってであれ、それによって諸可能性の一つが現実化されるということはありえず、このことは法則的な決定論の正否に関わりがない。それゆえ、他行為可能性と起点性を併せもつものとしての自由意志は、もしそれが偶然の一種でないならば、実在しない。しかしながら、人間社会の倫理的存続に頓着しない異星人としては、その意味での自由意志が、倫理に不可欠であってもかまわない――。

この見解をEと呼ぶことにしよう。[83] Eは、自由論における代表的な諸説のどれにも当てはめがたいが、その理由はおそらく、代表的な諸説はどれも倫理的実践の維持を重んじるためだ。[84] Eに反論するとしたら、どこから取り掛かるべきだろう。もしEが正しいなら社会は倫理的に立ち行かなくなる、という反論は二重に無力である。社会が仮に立ち行かなくなっても異星人にとっては（そして自然界にとっても）まったく痛痒ではないし、また事実、社会がかなりの程度うまく立ち行っていることは、Eの誤りを示すものとは限らない。その社会的事実は、人間たちの無知（自由意志への幻想）の程度を示すものかもしれず、社会が倫理を維持できているのは、Eの正否と無関係な理由からかもしれない（たとえば自然淘汰による互恵的利他行動の強化[85]）。

ところでEをよく見るなら、後半の主張内容はじつは控えめであることが分かる。「他行為可能性と起点性を併せもつものとしての自由意志は、もしそれが偶然の一種でないならば、実在しない」ということは、偶然の一種としてならばそれは実在しうるということであり、自由意志の実在／非実在についてEは中立的である。また、自由意志が責任の帰属に必要か否かについても、Eは中立的である。Eの不穏な印象は、主張内容の強さというより脱倫理的（amoral）なその主張態度から来ており、主張内容に上記の中立性があるのは、異星人が人間社会の倫理的存続に真に無関心――存続しても存続しなくてもよい――だからである。

社会に現実に生きる人物が、こうした態度をとることは難しい。社会が倫理的であり、さまざまな規範が守られていることによって、自分自身も生きる場所を得ているからだ(たとえどんな悪人であっても)。しかしこの難しさから逃れることは、哲学的思考において別の難しさを生む。つまり、世界が倫理的である理由や、世界が倫理的であらざるをえない理由を与えるようなかたちで――いわば帰結側からの制限を受けたかたちで――自由や決定論について考えることが要求される。ちょうど、望ましい答えが得られるように初期値をいじるような作業が、である(責任論から自由論への逆算的な思考がここにもある)。

今日までの社会が倫理的であり、そして社会がこれからもつねに倫理的でなければならないのなら、倫理が可能であるための有責性の基盤(自由)を人間は普遍的にもたねばならないか、あるいは

(83) 「E」はextraterrestrialの頭文字であり、倫理の外(extra)を表すものでもある。

(84) 〈固い決定論〉の支持者は、倫理的実践の維持を断念することがありうるが、Eは〈固い決定論〉と異なり、偶然の存在について中立的である。

(85) 進化論的観点からの道徳の自然化に関する文献は多いが、まとまりの良い解説として、ここでは伊勢田[2012]第五章を挙げておく(とくにpp. 128–139)。同章ではさらに、普遍化可能性(自他の立場の入れ替え可能性)の自然化の困難に関して、認知的不協和理論(theory of cognitive dissonance)に基づく独自の仮説が提示されている。

は、有責性なしでの倫理の基盤を新たに人間は見つけねばならない[86]。だが、ごく単純な事実として、社会がこれからもつねに倫理的でなければならない脱倫理的な（そして自然的な）理由はなく、それゆえ、倫理を可能にするような何らかの性質・能力を人間がもつことに必然性はない。人間が今日、自由の理念をもっていることは、世界がその理念を可能とするような構造を必然的にもつことを、まったく保証しない。

進化論的な観点から、ある種の利他行動に関する人間の性質・能力が自然淘汰上の有利さをもつことが示されたとしても、いま述べたことは変わらない。それは今日の人間たちの目には倫理的に映る種類の生存戦略であるが、その戦略そのものは倫理的でも非倫理的でもない（脱倫理的な自然法則の産物である）。もし別の戦略が自然淘汰上でより有利となったなら、そちらの戦略が広まることにより、社会は今日とは別ものになるだろう。そして自然界はそもそも、人間社会がいかなる仕方であれ――倫理的であれ非倫理的であれ――存続するか否かに関心がない。もし明日人類が滅んでも、自然界にとってはそれだけのことであり、今日人類が繁栄するに至った戦略（とりわけ倫理化）が今後も可能であることを自然法則は保証しない。

Eがもし正しいとして、人間にとって――倫理の維持を望む一般的人間にとって――安上がりなのは、どのようなケースか。（他行為可能性や起点性をもった）自由意志は存在しないが、他の種類の自由によって倫理が維持されるケースこそ、とくに安上がりなものであると両立論者の多くは考えるだろう[87]。つまり、両立的自由とそれを支える自然界の基盤さえあれば、倫理的社会は維持できるのであり、それで十分だと彼らは考えるだろう。他方、自然界――あるいは異星人のような人間社会の部外者――から見て、とくに安上がりなのは次のケースである。自由意志は存在しないが、しかし倫理にとって自由意志は不可欠なケース。このとき、人間社会の倫理は人間の無知（自由意志への幻想）によって支えられていることになるが、その無知から人間が目覚めても、自然界は痛痒を感じない。なぜ、これが安上がりかと言えば、自然界は人間に何も提供する義務がないからだ。自然界が人間に上記の「無知」をたまたま与えている限りにおいて人間は倫理的でありうるが、しかし自然界はその提供をいつでも（自然法則に従って）停止することができる。

では、人間にとっても自然界にとっても、そこそこ安上がりなのはどんなケースだろうか。[88] 偶然の一種としての自由意志が存在し、倫理にとってそれが不可欠なケースは、人間にとっても自然界にとっても、一定の存在論的倹約をもたらす。「たんなる」という汚名をきせられる以前の偶然（＝分岐）がもし存在するなら、自然界にすでに存在しているそれを無料で借りてきて、まずいこ

（86）カント［2005］（原著初版1785）あるいはPereboom［2001］など。

（87）たとえばメレは、両立的自由・自由意志・魂（自由の主体）の三つを値段の異なるガソリンになぞらえ、後に行くほどより「高額」な自由と見なす（Mele［2014］, p. 25）。

（88）本節で私が試みているのは、たんにもっとも安価な――ありうるすべての選択肢のなかで――回答を見出すことではない。ただ安さを求めるなら、ここに述べた以外の回答もあるだろう。重要なのは、論者が何を維持したいかによって（社会の倫理性、自然の法則性、等々）、何が安上がりかは変わることであり、そうした要請のもとで「そこそこ安上がり」な回答を求めざるをえないことである。

とはない。ただし問題は、これが実像だと人々が知ることで倫理は崩壊しないかということだ。仮に、倫理の存在論的成立基盤が分岐としての偶然であっても、そのことを人々が知らないことは、倫理の認識論的成立基盤になっているかもしれない。だからこそ人々は偶然を「たんなる」偶然と見なし、倫理の基盤にはなりそうもないものとして、それを貶めてきたのではないか。

いま私は簡便のため、自由意志が倫理に不要なケースと、不可欠なケースとを大別した。しかしもちろん、ここにはもっと繊細な区別をつける余地があり、社会の倫理的現象と見なされているもののうち、あるものは自由意志を必要とせず、あるものは自由意志を必要とする――少なくとも自由意志があると信じられていることを必要とする――といったケースは考慮に値する。その意味で、両立論的な道徳の自然化と、非両立論的な道徳の確保は棲み分け可能な試みであり、責任論に限ってみても、両立的責任と非両立的責任はたんに排他的なものではない（ケースごとに適合範囲が異なっていても構わない）。しかしながら、こうした棲み分けの具体化は好き勝手に主張されてはならず、存在論的な安価さはここでも重要な指針となるだろう。

ところで、以上の論点に関し、カントのいわゆる二世界論はきわめてコストの高い回答だと言える。自由意志も偶然も働く余地のない決定論的世界（現象界）のほかに、自由意志の働くもう一つの世界（仮想界）が必要なのだから。この要請はカントにとって、倫理が可能であるための超越論的条件である。しかしさきほども述べた通り、社会がつねに倫理的でなければならない脱倫理的な（あるいは自然的な）理由はなく、倫理を可能としないような世界が現実であることはありうる。この単純な事実の前では、カントの回答は高くつくだけでなく、異星人や自然界のような脱倫理的存在にとっての説得力ももたない。とはいえ、これだけの高い代価を払ってカントが倫理を基礎づけようとしたことは、けっして軽視されるべきではないだろう。そしてカントはおそらく、神によって倫理を基礎づけるよりは、彼自身による回答のほうが、まだ「安上がり」であると考えたに違いない。[89]

(89) 田島［2013］によれば、自由の問題を「道徳的実践理性の問題」に限らない「問題解決と新たな可能性自体の生成」という、より広範な文脈のもとで捉えるなら（p. 135）、「物自体」をめぐるカントの議論にはまた違った展開がありうる。すなわち、自由と決定の対立を含んだ諸アンチノミーに関し、「カントの「物自体」が、無限に対する反実在論的態度と関連する」と解釈し（p. 132）、「可能的経験自体の拡大の中に自由の実質を認める」展開である（p. 135）。

第三章　実現可能性

1　時間と様相

第三章にていまから見るのは、時間と様相（可能性様相）に関する一つの見方を抽出し拡大したものだ。それは分岐問題への私の直観と対応しており、それゆえ私自身はその内容にある程度納得している。他方で、すべての読者がそう思わないことは自然であるし――源泉となる直観の違いによって――前章までの議論に同意しながら本章をまったく受けいれない読者がいても不思議ではない。とはいえ、私と異なる直観の持ち主にとっても、本章の議論は無駄ではないだろう。もし本章が間違っているとしても、そこにはある種の一貫性があり、それがどのような間違いかを指摘することで読者の直観はより明確になるからだ。

可能世界意味論は量的かつ静的に（無時間的に）[90]様相を扱う。静的に並んだ可能世界のうち、一つ以上で成り立つならば可能、すべてで成り立つならば必然、等。様相のこうした数量的把握は、様相概念の論理的身分を著しく向上させた。しかし可能性とはそもそも、未来へと（時間切片としての）世界が変化していくなかで選ばれていくものではないのか。すなわち、ある全体としての世界が、別の全体になっていくなかで。

可能世界意味論では、ある世界から別の世界への到達可能性（accessibility）が話題にされる。ここでの「到達」は比喩にすぎないが、とはいえ、その比喩上の動的なニュアンスをどう捉えればよいだろう。いわゆる現実主義において全体が別の全体に「なる」ことがありえないのはもちろんだが――別の全体は存在しないのだから（↓第一章第7節）――可能主義においてもなお答えが得られる見込みはない。すべての可能世界はそれぞれ独立に存在するのであり、ある世界が別の世界に「なる」ことはないからだ。そして、いずれの「主義」においても、ある世界から別の世界に何かが（現実性が？）受け渡されることもない。

全体としてのある世界が別様の世界でありえたかどうかは、その世界内のある個体が別様でありえたかどうかにも関わる。たとえば目の前の飼い猫について、この猫が、我が家の飼い猫でなかった可能性を考えてみよう。今現在の日時において、この猫が、我が家の猫でない可能性――。それを認めるためには、そのような事態を含む可能世界がたんに存在するだけでは足りない。さらに、この現実世界がその可能世界でありえたのでなければならない。というのも、考慮されているのはこの猫の可能性だからだ。この猫の対応者がどこかの世界にいるだけでは足りないし、この猫の反事実的可能性の表象――それは猫ではない――が現実世界内にあるだけでも足りない。そうではなく、この猫があちらの猫（我が家の猫でない可能性としての猫）でありえたかが問題であり、動的な表現が許されるなら、この猫があちらの猫になりえたか、すなわち、この世界があちらの世界になりえたかが問題なのである。

もちろんこのような言い方は、量化による様相把握という可能世界意味論の狙いに反している。だが、この世界が別の世界でもありえたことを静的につかむことなど本当にできるのだろうか。ある全体が別の全体でもありえたことを、あくまでも静的に捉えようとすれば、二つの全体はトークン的に（全体に属する個体もまた）断絶してしまうだろう。(91)

(90) 本章で幾度か使用される「静的」「無時間的」との表現は、McTaggart［1908］にて論じられた時間のB系列に対応する（→補論1）。すなわち、時間的先後関係の成立が完全に否定されることはないが、そこに時間の動性（現在の推移）はなく、時間は空間と同様の四次元的座標として理解される（中山［2003］, pp. 106–109 など）。

(91) では逆向きに問おう。全体が別の全体でありうることを動的につかむとはどういうことか。この問いに対してまずできることは、分岐問題を差し出すことだ。分岐問題それ自体が、全体が別の全体になるとはどういうことかを直接の標的にしている。分岐問題は時間性をもった問題であり、全体が別の全体になることを、われわれは「時間」と呼ぶ。全体としての世界は、同一の世界であり続けながら別の全体としての世界となり、その一部分である個体も、同一の個体として変化できる。たとえば、緑の葉が緑でなくなることは、矛盾でもないし意味不明でもない。（本書の元となった博士学位論文に関し、同一性を前提としない時間理解の可能性について、副査の斎藤慶典教授から指摘があった。この可能性は本書の議論で扱われていないも可能主義の説明において、ルイスは「現実」を指標詞と見なした[92]。指標詞は全体としての世界を、もっぱら現象的に制限する。「今」だけがすべてである、「ここ」だけがすべてである、「私」だけがすべてである、といったかたちで。客観的な全体（たとえば歴史全体）を見るなら、当然こんなことは言えない。にもかかわらず、今、ここ、私において現実に世界が開かれているとき、この制限された世界こそが全体であると言いたくなる現象論的な強い「誘惑」がある[93]。これがたとえ錯覚であろうと、ここに何らかの説明を要する「全体性の制限」が現われていることは間違いない。

しかし、こうした指標詞のなかで、「今」だけは特別なのではないか。というのも「今」だけは動的な指標詞であるから。「ここ」「私」そしてルイス的「現実」としての世界はそれ自体が一つの全体であり、その全体が他の全体になるということは意味をなさない。喩えるなら、あらゆる場所、あらゆる人物、あらゆる可能世界のなかで、ここ、私、現実だけにスポットライトがあたっており、指標的なこのスポットライトは動くことがない（可能世界意味論が静的であるというのと同じ意味において）。ところが「今」だけは違う。「今」のスポットライトだけは未来へと推移する。つまり、ある全体が別の全体になる[94]。

ある全体が別の全体でありうることは、ある全体が別の全体になりうることと独立には理解できない――。本章を貫くこの直観は、形而上学と認識論を架橋する。というのも、何らかの指標的制限において全体としての世界が与えられているとき、その全体以外に他の全体があることをわれわれはけっして認識できないはずだが――全体ということの定義からいって――、時間の流れの認識はその特別な例外に見えるからである。

2 スコトゥスとアリストテレス

他の可能世界が望遠鏡では見られないということの要点は、諸可能世界は——この現実世界も含め——どれもそれ自体として「全体」であり、私は一度に一つの全体しか見ることができないということである。私がこちらの世界にいる以上、この世界が全体なのであり、この全体から他の全体を見ることはできない。仮にあちらの全体が見えたなら、そのとき、こちらの全体は見えていないというより、その場合には、あちらの全体が「こちらの全体」なのである。

他の可能世界の認識不可能性は、ある全体から他の全体を見ることの認識不可能性である。にものであり、もしその可能性を掘り下げた場合には、本書第三章とはまた違った角度から様相を論じられるだろう。)

(92) Lewis [1986] など。

(93) ここでの「誘惑」との表現は、ウィトゲンシュタイン『哲学的考察』五四節に倣ったもの (Wittgenstein [1984])。

(94) たとえば次の一節を参照。「そして、ひとたび「過去」や「未来」という仕方で、つまり「時間」という仕方で「ないがある」ことが可能となれば、「現在」という仕方でもまた「ないがある」ということが可能なはずである」(斎藤 [2007], p. 123)。

かかわらず、われわれが可能性についてさまざまな認識を語れるのは、何らかの手段で他の全体を「見て」いるからだ。いったい時間認識以外にそのような手段があるだろうか。概念的分析を行なうなら、まず「ありうる」が与えられ、そこに「なる」（時間的推移）」が加わることで「なりうる」が理解されると言える。いわば様相は時間に先立つ。だが全体としての世界について「ありうる」を理解するためには、「なりうる」の認識が不可欠ではないか。むしろ「なりうる」から「なる」を引くことで——いわば時間が様相に先立つことで——「ありうる」が得られるのではないか。

様相へのこの直観は今日、あまり支持を集めないだろう。様相は時間的推移と切り離された概念であり、無時間的かつ論理的に扱える、というのが常識的な見解となっているからだ。しかし、ここで言う「常識」とはおそらく（現代の一部の）哲学者に特有のものである。彼らの様相概念には人為的な偏りがたしかにあるが、その偏りの最大の要因は、彼らの言語への偏愛だ。というのも言語こそが、時間的な全体の推移を、無時間的な全体の推移（＝論理的可能性）に作り替える道具だからである。

哲学史的に見れば、ここで私は、中世のドゥンス・スコトゥスからアリストテレスへの回帰を意図しているとも言える。八木雄二によれば、スコトゥス（およびオリヴィ）の今日にまで至る哲学的功績の一つは、必然性・偶然性といった様相概念を時間の流れから切り離し、ある瞬間においても成立しうる様相概念——可能世界論の先駆ともなった——を打ち立てたことである[95]。それは、時間的に継起する因果関係に依拠したものではなく、また、アリストテレス的な様相の時間的変化とも異質なものである。[96]

［クヌーティラの］その研究によれば、中世においてスコトゥスに至るまでの哲学の常識を提供しているアリストテレスは、ある時点で何か、たとえばAが実現した場合、A以外の可能性はその時点で消滅する、と考えていた。つまりそれまではいくつかの可能性があったとしても、現実がその一つとして実現したとき、ほかの可能性はすべてつぶれている、というわけである。[97]

［……］原因の一瞬のはたらきのうちで偶然か必然かが区別できるためには、言い換えると、結果を待たずにその区別ができるとすれば、原因自体において、両者が区別できなければならない。つまり原因がはたらいた時点において、それが偶然であるか、必然であるかが見分けら

（95）八木［2009］第十五章。
（96）八木はこの歴史的変化に、真理言明の表現の歴史的変化を重ねている（八木［2009］, p. 497）。今日において真理言明は普通、現在形で表現されるが、プラトンらが必然的真理としてのイデアについて語る際には、過去形が用いられた。「スコトゥス以前には、すでに起きたことは、もはや誰にも変更を加えることができず、事態が決定して変わることがないことから」、必然的真理と見なされたためである（*ibid.*）。
（97）*Ibid.*. pp. 488-489. 注および角括弧内引用者。クヌーティラのどの文献を八木がここで参照したかは不明だが、同趣旨の文献の一つとして、Knuuttila［2013］を挙げておく。なお八木は八木［2001］においても、スコトゥス『レクトゥーラ』第一巻についてのクヌーティラの議論をくわしく検討している。

れなければならない。［／］それゆえスコトゥスは、偶然の特徴を「同じ瞬間にAであると同時に非Aでありうる事象」と規定した。他方、この特徴をもたない事象は必然的である。すなわち、A以外の可能性をもたない事象は、必然的な事象である。[98]

見逃せない違いも多いために、私は本章での議論をそのまま、スコトゥスからアリストテレスへの回帰として示すつもりはない。[99] しかし、先に見た歴史的変遷をふまえて本章を読むことは有意義であり、とくにクリプキによる〈アリストテレス的本質主義〉[100]の復活を、彼の〈起源の本質説〉(↓補論4)――対象の起源をその対象の本質（必然的性質）と結びつける彼の見解をこう呼ぶことにする――との関連において理解する際にはそうである。この点については本章の第4節にて再考しよう。

3　論理的可能性

概念的還元の試みにおいて、時間が様相に先立つことを説得できる望みは薄い。概念の、そして言語の働きは、様相の無時間化にあるからだ。ある言語を「知っている」と言うとき、われわれはあたかもその言語について、有意味かつ可能な語の配列のすべてを（具象的にではなくまさに可能的に）手にしているかのように考える。だれ一人並べたことがなく、これからもだれ一人並べることのない語の配列も――つまり時間的には一度も実現されない配列も――それが有意味な文ならば可能的に「ある」。すなわち、言語を知る者にとって、すべての有意味な文は「ないのにある」。

この主張には異論もあるはずだが、私が述べたかったことは次のアナロジーによってより明確になるだろう。足し算を「知っている」と言うとき、われわれはあたかも足し算について、有意味かつ可能な語の配列のすべてを手にしているかのように考える。すなわち、足し算を知る者にとって、すべての有意味な足し算は「ないのにある」。たとえば「792792＋790661=1583453」という足し算が、いま歴史上初めてなされたものだったとしても、それ以前にもこの足し算は有意味な文として「あった」。そしてわれわれはそのことを、もともと知っていただろう。

比喩や詩的表現に関して、無意味に見えた語の配列が次第に人々に受けいれられることはある。特定集団内の言語使用においても、外部の者には意味の通じない語の配列が活用されていることは多い[101]。こうした例を考えるとき、上述の私の議論には明らかに不足があるだろう。すべての「有意

(98) *Ibid.*, p. 499, 省略引用者。

(99) 本章での議論はたとえば、アリストテレスのような未来の（真理値の）非実在論と独立であるし、八木[2001/2009] で指摘されたようなスコトゥスの現在主義的存在論とも独立である。

(100) 「アリストテレス的本質主義」とはクワインに由来する表現であり、ここでもそれを利用しているが、ただし、そこで表されている見解がアリストテレス自身のものであるかには疑問の余地がある（千葉[1997], p. 30）。

(101) たとえば、自分のまったく知らない専門用語を用いた文について、それを「可能的にあるもの」として

味」な語の配列と言うとき、個人知と集団知の関係はどのように考慮されているのか。あるいは、「夜の底が白くなった」のような真とも偽とも解釈しうる文を——文字通り読めばそれは偽であり「積雪」の比喩として読めばそれは真である——どの程度まで有意味と見なすべきなのか。

とはいえ、いまは次の点のみが承認されれば十分だろう——。ある言語における有意味な文の集合に関して、その言語を知る者は、任意の語の配列がその集合に属する文か否かをかなり正確に峻別できる。そしてその能力は、これまで現実に並べられた配列だけでなく、これから現実に並べられるかもしれない可能的な語の配列にも適用され、その適用の正確性について言語使用者は高い自負をもっている（だからこそ、自分はその言語を知っていると考える）。このとき、その人物はあたかもその言語について、有意味な語の配列のすべてを可能的に手にしているかのように見える。

虚心坦懐に眺めるなら、有意味かつ可能な語の配列は時間的に実現されるしかない。それゆえ論理的可能性は、それが語の配列可能性に依拠する以上、語の配列の時間的な実現可能性にも依拠せざるをえない。にもかかわらず、上述した意味でわれわれがある言語を本当に「知っている」のなら、論理的可能性は実現可能性から切り離されたものとなるだろう。そのとき、語の有意味な配列可能性は、それが時間的に実現しうるからではなく、無時間的に成立しうるからこそ「可能」であると見なされる。これが様相の無時間化であり、実現に関わらない可能性——どうしてそれが「可能性」なのか？——という謎めいた概念の形成でもある。

哲学的な議論においては、奇妙な可能性に言及することが褒められたりする。私はこの慣習が好きだが、ずっと違和感も抱いてきた。そこでは「可能」という言葉が、常識とかけ離れた意味でしばしば用いられる。およそ無矛盾なことは、西から日が昇ることも、すべてが悪霊の欺きであることも、何でも可能だとされるのである。だが、そう言っている人々も、心からそうしたことが可能だとは思っていない。——ここで予想されるのは、次のような反応である。「たしかに哲学者たちはふだん西から日が昇るとは予想していないが、それは実現可能性を考えているからにすぎない。論理的可能性としては、そのようなことは十分ありうる。そして哲学的議論ではしばしば論理的可能性が問題とされる」。

しかし論理的可能性とは何だろうか。それは、有意味かつ可能な語の諸配列——そこには恒偽命題も含まれる——のなかから無矛盾な諸命題を抽出した際、それらによって表象される事態のことであろう。そしてこの抽出においては、明示的な矛盾（$P \land \neg P$）の有無だけでなく、非明示的な矛盾（$P \land Q$——ただしQは$\neg P$を非明示的に含意する）の有無が、つまり、ある性質と他の性質との矛盾の有無が問題になる。「白いライオン」は無矛盾だとされるが「丸い四角」が矛盾だとされるのは、白いこととライオンであることのあいだに矛盾が生じないのに対し、丸いことと四角いことのあいだには矛盾が生じると見なされるからだ。こうして、論理的に可能な事態はタイプ的に構成さ

すでに手にしていると考えるのは難しいだろう。とはいえ、日本語を知る者であれば、未知の専門用語を用いた邦文であってもそれが文である——語の有意味な配列である——ことは、かなりの場合に識別できるはずであり、これだけでも十分に特筆すべき能力であると言える。

れる。上記の説明はきわめてラフなものだが、論理的可能性の画定がこのタイプ的構成を要するのはたしかだろう。

固有名が用いられるときも、実質上いま述べたことは変わらない。織田信長についての論理的可能性は、信長のタイプ的な特性——たとえば人間であること——によって定まるのであり、それゆえ、信長のある特性をもとに承認された論理的可能性は、同じ特性をもつ別の存在にも当てはまる(当てはまらざるをえない)。「信長が百歳まで生きることが論理的に可能である」と、彼が人間であることを根拠に述べるならば、それは結局、可能性を問う領域を人間であるもの全体にまで拡張することを意味する。信長そのものの実現可能性はそこでは後景に退いており、考慮する信長の特性をどれだけ増やしてもそのことは変わらない。

4 タイプからトークンへ

ところで、信長という概念が信長の論理的可能性にどれだけの制限をかけるのか、私にはよく分からない。たとえば、信長がフランス人であったり、信長が女性であったりすることは、論理的に可能だろうか。信長の概念に、日本人であることや男性であることは含まれているのだろうか。含まれていないのだとすれば、人間であることはなぜ含まれるのか。信長という概念に明確な定義でもない限り——おそらくそんなものはない——信長の論理的可能性についての判断は、個々人の直観に左右されるだろう。そこに大まかな一致が見られることは事実だが、それが完全な一致でないことも事実である。

ライプニッツはこう考えた。[102] 主語概念には、その主語に現実に結びつくすべての述語が内属していると。たとえば信長にとって、桶狭間の戦いで勝利したこと、比叡山を焼き討ちしたこと、明智光秀に裏切られたことは、広義において分析的に真である。[103] では、信長が桶狭間で敗れた可能性はどう理解されるのか。それは、現実世界以外の可能世界にいる、現実の信長にそっくりな――桶狭間で敗れたという点以外はそっくりな――人物（信長の対応者）についての事実だとされる。[104]

この考えによれば、他の諸可能世界にいる信長は、現実の信長の諸性質のほとんどを満たす人物である。彼らはいわば、信長タイプの具現者である。さてここで肝心なのは、いったん信長タイプ

（102）『形而上学叙説』十三節など（ライプニッツ［2005/2013］）。ただしライプニッツの様相概念には多様性があり、たとえば三平［2012］でも述べられているように、少なくとも、「可能世界における真と証明可能性という、二つの解釈を許す」（p. 315）。

（103）ここで言う「広義の分析的真理」は、いわゆる偶然的真理をも含む。人間の目から見れば偶然的な真理も、すべてを把握する神の目から見れば、主語への述語の内属として理解される。

（104）ところで、桶狭間で敗れたという点以外でそっくりなその人物は、比叡山を焼き討ちしたり、明智光秀に裏切られたりするのだろうか。それは何かおかしくはないか（桶狭間で敗れたならば、その後の人生は一変するのだから）。このような疑問をもつとき、われわれは本章の問題意識――時間は様相に先立つか――に一気に近づく。

が確保されたなら、現実の信長の論理的可能性はすべて、信長タイプの論理的可能性に吸収されることだ。現実の信長のみについての論理的可能性を挙げようとしても、不特定の信長タイプの具現者に当てはまる例しか挙げることはできない。

信長概念による論理的可能性の制約を、きつく取るにせよ、ゆるく取るにせよ、その制約はタイプ的になされる。だから、論理的に可能な事態は、この世界とのトークン的なつながりをもたない。信長タイプが百歳まで生きることが論理的に可能であるからといって、その可能性はまだ、現実の信長その人につながっていない。そこにはいわば、普遍と個体との「紐帯《ちゅうたい》」がない。

では、現実の信長トークンが百歳まで生きることが可能だ（可能であった）と認めるには、何が必要なのか。現実の信長はもちろん信長タイプの一例であり、それゆえ、百歳であることが信長タイプにとって無矛盾であるなら、現実の信長トークンも百歳であることが可能なはずだ。しかし、本章の議論はこの簡明な推論に待ったをかける。現実の信長は五十歳を前に死んだのであり（この史実の信憑性はいまは問題ではない）、それが事実である以上、そのトークンが百歳でありえたということの意味理解を、われわれはぎりぎりまで拒むことができる。信長トークンの主要な諸性質が百歳であることと無矛盾だからといって、どうしてそのトークン自体が百歳でありうるのか。

現実の信長トークンがトークンとして百歳でありえた、ということの正確な意味は、それが百歳になりえたということである。それがたんに信長タイプの一例であるだけではなく、そのトークン自体としての実現可能性をもつということである。もちろん、信長トークンの主要な諸性質がもし百歳であることと矛盾していたとするなら、彼は百歳になりえない。その意味では、信長トークンの実現可能性も、信長タイプの論理的可能性のうちにある。しかし、それにもかかわらず、信長トークンが百歳でありうるためには、そのタイプ的な可能性を超えた、トークン的可能性について語らねばならない。

ここで私は、「論理的可能性は実現可能性（もっぱら物理的可能性の意味での）より広いがゆえに実現可能性を含意しない」という、よくある見解を繰り返しているのではない。そうではなく、現実の信長その人（信長トークン）についての論理的可能性というものはない、と言っており、そして、信長タイプについての論理的可能性を現実の信長トークンに結びつけるには、不可避的に、論理的可能性（ありうる）を実現可能性（なりうる）に昇格させねばならない、と述べている。本書の補論4で見る通り、クリプキ『名指しと必然性』における二つの説（指示の因果説と起源の本質説）の並列的な提示も、この昇格の要請のもとで私には初めて説得的なものと思える。

しかし私の見るところ、クリプキの言外においてこの二つの説は連動しており、この連動によって、時間分岐と無縁な論理的可能性は、時間分岐を本性とする実現可能性に結びつく。すなわち、語の配列の無矛盾性に依拠するタイプ的な「ありうる」は、トークン的な事象可能性（*de re*様相）についての「なりうる」に結びつく。重要なのは、ある対象をできる限り過去の時点――理想的には誕生の時点――で捕捉し、様相の時間分岐点として「それ」を固定するこ

とだ。「アリストテレス」や「ニクソン」を例にクリプキが実践していたように。(105)

可能世界意味論を基準にするなら、私の言いたいことはやはり的外れかもしれない。だが常識を基準にするなら、それはごく普通のことだ。ようするに私は、語を無矛盾に並べられるからといって、どうしてそれが、任意の世界——たとえば小説の世界——ではなくこの現実世界の可能性に関わるのか、と問うている。言葉で（有意味に）言えることのほとんどは不可能だということを知らない人はいない。ごく一部の人々だけが、言葉で言えることならば論理的に可能だ、と言う。しかし、論理的に可能だということは、言葉で言えるということと同じではないのか。そこに何か付け足されるものがあるのか。言葉についての可能性を、この世界についての可能性につなげるものが。

さきほど私は固有名を性質の束のように扱った。では、固有名を性質の束とは考えず、すべての可能世界で同一の対象を指す「固定指示子」と考えるならどうか。論理的可能性に関して言えば、あまり状況は変わらない。固有名がいわゆる「たんなる名札」で、性質的な縛りをかけずにある対象を指すものだとしても、その対象の論理的可能性は何らかの性質をもとに思考されるしかない。仮に、何かを「これ」と言って指示し、「これ」以外の言及がまったくないなら、その「これ」について論理的可能性を開くことはできない。(106)

固定指示子の理論にとって、性質は指示を固定するための手がかりにすぎず、いったん指示が固定されたなら、別の性質に取り換え可能である。しかし、ある対象についての論理的可能性は、指示の固定に用いた諸性質にも大きく依存して開かれるしかない。対象よりも性質を優先せざるをえず、タイプ的な可能性を挙げざるをえない。

5 現実と可能性の紐帯

本書の補論2は、クリプキ『ウィトゲンシュタインのパラドックス』の検討から始まり、ウィトゲンシュタイン『確実性の問題』への言及で終わっている。前節と関連の深い一節を、そこから引用してみよう。

> 『確実性の問題』では、タイプ的（法則的）な知識のほかにトークン的（個別的）な知識までもが——しかも「ここに私の手がある」「私の名前はL・Wである」「私は月に行ったことがない」のような、私や私の周辺についてのトークン的かつ指標的な知識が——疑われない知識に含まれている。そしてそれが究極的な意味で、私と世界との紐帯になる。［……］紐帯となるトークン的知識は、それがトークン的であるがゆえに法則から導くことができない。法則と何

(105) 青山［2011c］, p.51. 一部表記を変更。本書補論4にて再掲。
(106) 無理にそれを開こうとすれば、すべての性質をもつことが論理的に可能となる。デカルトの悪霊の懐疑はこれをやっているとも言える（関連する議論として補論2第2節を参照）。

らかのトークン的知識から別のトークン的知識を導くことはできても、法則のみからトークン的知識を導くことはできない[107]。

ここでの洞察は、本章での議論と同じ線上にある。前節では、タイプ的な論理的可能性からトークン的な実現可能性へのつながり、いわば普遍と個体との紐帯について論じた。普遍と個体とのこの紐帯は、現実以外の諸可能性と現実との紐帯でもあり、『確実性の問題』についての先の引用は、そのように読んだときに他の問題群と強く連動する。

現実世界にいる「私」は、私や私の周辺についてのトークン的で指標的な知識をもち、この現実世界にいることを知っている。その「知識」は、論理や文法や生活形式の外にあり、もちろん自然法則についても、その外にある。この現実世界とまったく同じ論理・文法・生活形式そして自然法則に支えられた諸可能世界があるとして――それらの諸可能性はタイプ的な無矛盾性のもとで開かれる――それらの諸可能世界のどこに私がいるのかを、タイプ的な知識から知ることはできない。

ここでとりわけ重要なのは、「私や私の周辺についてのトークン的で指標的な知識」でさえも、それを世界の事実として述語的に記述した際には、一種の「タイプ」化を免れないことだ。つまり、この現実世界についてのトークン的知識も、字面のうえでは、複数の諸可能世界において成立しうる「タイプ」的知識に読み替えられてしまう。もちろんトークン的知識のトークン性は、そうした読み替えに抗し、この現実世界の内部から「これが現実であり、これが私だ」と直示することによって発揮されるのだが、そのことを世界についての記述的知識として表現することはできない。ルイスによる *de se* 信念の議論[108]と、それを批判的に発展させた入不二基義の *de me* 信念に関する議論[109]は、本節における自己「直示」の問題と強く結びついている。世界内のある人物が私であり、世界内のある時間が今であるという信念は、命題的な信念ではありえない、とルイスは論じる。もしそれらが命題的信念であれば、同じ世界内において、それらの信念が各々の人物・時間・神（！）にとって真になったり偽になったりすることの説明がつかない[110]。ルイスはそれが命題ではなく性質についての信念――*de se* 信念――であると述べ、入不二はさらに、一般的な自己帰属としての *de se* から「この」自己への帰属としての *de me* への不可避な移行を示唆している。なお、ここでルイスと入不二が見ている問いは、マクタガート擁護におけるM・ダメットの問いとも同じ根をもつ（→補論1）。すなわち、歴史を無時間的に一望できる（神のごとき）人物でさえ、今が歴史

（107） 青山［2008a］, p. 148, 一部表記を変更。本書補論2にて再掲。
（108） Lewis［1979］.
（109） Irifuji［1993］.
（110） ルイスはこの問題を、彼らしい戯画的な仕方でこう述べている。「二人の神を考えていただきたい。彼らはある可能世界に住んでおり、そしてそれがどの世界であるのかを精確に知っている。それゆえ、彼らはその世界で真である命題のすべてを知っている。［……］だが、それでもなお、彼らが無知と呼ばれうる側面を私は考えることができる。どちらの神も、自分が二人の神のうちのどちらの神であるかが分からない、という場合である」（Lewis［1979］, p. 520, 邦訳 p. 140, 省略引用者）。

上のいつなのかは知りえない[111]。「ここに私の手がある」「私の名前はL・Wである」「私は月に行ったことがない」といった知識をどれほど並べようと、それらをもとに、諸可能世界のどこに私がいるのかを知ることはできない。これらの条件を満たす「L・W」が、この現実世界と同じ論理や法則のもとで生きている諸可能世界は、論理的可能性のもとでは無数にある。「私はここにいる」と手を挙げたとしても、同じように手を挙げている可能世界は文字通り、無数にある。そして私自身ですら、それらの無数の「私」のうち、どれが私なのかを、記述的知識によって知ることはできない。現実にいずれかの人物であることによってしか、どれが私であるのかは分からず、「ここにいる」と手を挙げているから、それが私なのではない[112]。

これが私なのは、たんに（諸可能世界のなかでタイプ的に）手を挙げているからではなく、現実に（この現実世界のなかでトークン的に）手を挙げているからであり、さきほどの引用における私的な「トークン的知識」とは、どれがこれなのかを知っていることである。だからこそ、その「トークン的知識」は通常の意味での知識ではありえず、他の、通常の知識を知識たらしめる、基盤としての知の「河床」[113]となる。すなわちそれは、そもそも何かが（現実が）在ることについての、知識以前の知識である。この点をふまえて再度、補論2から引用しよう。

もしも何らかの事物が在るなら、それは法則に従うだろう。だが何かが在ることは、法則のみからでは知られない。それゆえ、もともと疑われないという仕方で確保されたトークン的知識は——おそらくウィトゲンシュタインならば「知識」とは呼ばなかったであろう知識は——『確実性の問題』の比喩を借りれば、「河床」の大切な一部となる。(114)

(111) Dummett [1960], p. 501.

(112) 永井 [2013] 第六章における「口」の議論は、ここでの論点にとって重要である。「主体が自分自身を世界の中に位置づけかつ反省的に指すことができるのは、個々の意識のまとまりには個々の身体が恒常的に対応していて、それゆえにまた、思いを声にして出せる口と動かせる物体としての身体に付いている口とが恒常的に一致しているからである。そのため、私が客観的に識別可能なこの身体を指示する意図なしに「私」と言っても、身体に付いた口のおかげで、私は客観的に識別可能なある身体を指してしまっている」(p. 213)。本節における「手」は、上記引用での「口」と同様、永井の言う「内容的規定」による自己指示に使用しうるものだが、だからこそ、現実の「私」を指示する力はもたない。

(113) 共著『〈私〉の哲学 を哲学する』のなかで、私はこの問題を次のように提示した(永井ほか [2010], pp. 188-192, pp. 340-343)。「今が今である」という認識(さらには発話や筆記)は、どのようにして可能になるのか。それは通常の因果関係のもとでは説明できないが、しかし、「今が今である」という認識が現実になされたならば、「この文章は読まれている」という文章が現実に読まれた場合と同様、そこで述べられていることはつねに真となる。だが、「今が今である」という認識の価値はもちろん、つねに「今が今である」ことの認識にあるのではなく、この今だけが今であり、この今だけが今として在ることの認識にある。同書ではこの問題を、「私」や「現実」の認識の非因果性——垂直因果性——の問題へと敷衍している。

(114) 青山 [2008a], p. 148, 一部表記を変更。本書補論2にて再掲。

もう一度だけ、信長の事例に戻ろう。信長タイプについてわれわれが何を知ろうと、現実の信長トークンをつかまえることはできない。それどころか、現実の信長トークンが存在することさえ保証できない。現実の信長についての諸可能性を知るには、信長タイプについての諸可能性を信長トークンの現実性へとつなげ、むしろ、その現実性の内側から諸可能性を開かなくてはならないが、これこそ、時間が様相に先立つ——実現可能性（なりうる）の論理的可能性（ありうる）に対する先行——という表現で私が述べたかったことだ。もし、このように理解するのでなければ、現実の個体をその起源において「直示」的に捉えるという発想（→補論4）の真価も失われるであろうし、先哲による事象様相への洞察の価値も損なわれてしまうだろう[115]。

6　言語的弁別

第一章第2節で見た、言語的弁別の問題について再考しよう。この再考を通して、本章で見てきた「紐帯」や「直示」の意味がより明らかになるはずである。

分岐問題における二叉の分岐図は、二つの歴史の樹形図ではなく、二つの歴史集合の樹形図として読まれることを許可していた。他方、あくまで原理的な可能性として言えば、未来の諸可能性の分岐を、歴史集合ではなく個別の歴史の分岐として描くことは可能である。歴史のあらゆる細部に関して完全な言語的弁別を行ない、それに応じた樹形図を描くならば。そして、あらゆる分岐が何らかの命題の真偽によって弁別できるなら、この樹形図は二叉の分岐（真か偽）のみで構成されるだろう。

もっとも基本的な命題とは、こうした二叉を構成する命題だと考えてみても面白い。すなわち、世界を構成する原子的な要素は、未来の諸可能性の樹形図を個別的未来についてのものとしたとき、その樹形図における二叉の分岐の真偽に対応する事態である、と。もしこのように考えるなら、世界の原子的要素である諸事態は、真偽それぞれの実現確率が純粋に二分の一となるかもしれない。

しかしこのような枝の個別化は、実践上はまったく不可能であるし、未来の諸可能性の思考において、われわれは事実そんなことはしていない。諸可能性の弁別はその目的に応じた粗さをもち、弁別されるのは、ある集合と他の集合である。私がこれから病院に行くことは、「病院に行く」諸可能的未来のうちのどれか一つへと進むことであり、これと見定めた個別の未来へと進むことではない。

それゆえ、第一章図1のような未来の図示への批判——図示すること自体への疑義——には、次のように応じることができる。あの樹形図は可能性の樹形図であり、その可能性の弁別が言語的かつ実践的になされているならば、どの枝も諸可能的歴史の集合の略記と見なせる。それゆえ、未来の細部について完全な記述を与えられない——個別の未来を個別の枝によっては表現できない——

(115) 本章のここまでの論述（および本章第8節）は、日本哲学会第七十三回大会シンポジウムでの講演論文をもとにしたものである（青山［2014］）。同シンポジウムにて意見を下さった多くの方々に感謝する。

ことは、未来の諸可能性についての樹形図を描くことと矛盾しない。

これから私が病院に行くとして、「病院に行く歴史」には無数の諸可能性がある。百歩で病院に着く歴史と百一歩で病院に着く歴史とは別の歴史であり、診察時に――私の知らないところで――シチリアの火山が噴火している歴史としていない歴史もまた、別の歴史である。私が自宅に戻った瞬間、飼い猫の毛がちょうど何本であるかによっても、歴史は無数の諸可能性をもつ。「この歴史」のような直示的表現に依存せず、諸可能性としての歴史からただ一つの歴史を指示するには、諸可能性のあらゆる言語的弁別に対して特定の記述を与えねばならない。つまり、さきほどの例で言うなら、私は何歩で病院に着いたか、診察時に火山は噴火したか、帰宅時に猫の毛は何本であったか、こうした問いに延々と答えねばならない。これは不可能な課題であり、言語的弁別をどこまで繰り返しても、ただ一つの歴史に行きあたることはない(116)。

ところでこの事実を、未来の非実在性や非決定性と直接結びつけることはできない。いま述べたことは過去についても――たとえ過去の実在性や決定性を仮定したとしても――同じように当てはまる。たとえばシドニー・オリンピックで高橋尚子がゴールテープを切った瞬間、彼女の髪はn本だったとしよう。ではあなたはその現実の過去を、彼女の髪がn−1本だった可能的過去やn+1本だった可能的過去のなかから指示できるだろうか。「この歴史における過去」のような直示的表現を禁じられたとき、無数の諸可能性としての過去から現実の過去を特定することはできない(歴史の内容の整合性を見ても、やはりその特定はできない)。未来の場合と同様、記述の集積でなしうるのは、過去の諸可能性を絞り込むところまでである。

過去の諸可能性が無数にあるとき、現実の過去を指示するただ一つの方法は、直示的表現を用いることだ。いま私のいる「この歴史」こそが現実の歴史であるという事実によって、「この歴史」における過去は、現実の過去となる。同じことを述べ直すなら、「この今」こそが現実の今であるがゆえに、それと地続き――時続き――の過去こそが、現実の過去なのである。

さて、個別的かつ現実的な過去が「この今」と地続きの過去であるなら、そうした過去への直示は、「この今」への直示に依存する。しかし今への直示についても、過去と同様の指摘ができることは明らかだ。樹形図上の枝は可能的集合であるから、個別的時点としての「この今」は、樹形図上のどの点とも同一ではない（どの点も可能的瞬間の集合であるから）。だが、それでも「この今」は、いずれかの点の内部には在る。

それがどこに在るのかを知るのに、われわれは何をするだろうか。通常の空間的な地図を見て、自分がどこにいるのかを知るときのように、われわれは自分の周囲を見るだろう。つまり、「この今」がどのような内容の世界かを見ることで――そこには現在においてなされた想起や予期も含まれる――樹形図のどこにいるのかを探るだろう。

(116) もちろん原理的に言えば、歴史の構成要素がn個あるとき、どの個別的歴史もn個の記述によって、他の諸歴史のなかから指示しうる。nがどれほど膨大であっても、それは有限であろう。しかし、そのような指示の実行は明らかに人間の能力を超えている。

とはいえ、このような作業を続けても個別的な点に至ることはなく、指示集合が絞り込まれるに留まる。現在の世界へのわれわれの知識はいつでも不完全であり、その不完全さを自覚するだけの諸可能性について、つねに思考できるからだ。現在の世界について、それがどのようなものでありうるかの知識は、それがどんなものであるかの知識よりもつねに大きく、後者は前者の一可能性として把握される。

それゆえ、「この今」の直示とは、樹形図上の一点をもってそれを捉えることではない。樹形図上のどこかは不明でも、定まった位置をもつものとしてそれを指すこと、そしてむしろ、その一点を含むものとして後から——他の可能性との対比のもとで——歴史集合としての枝を思考すること、それが「この今」の直示である。

これは通常の意味での直示（指で対象を指すような）ではなく、純粋指標詞（「今」「ここ」「私」）に類する指示であるが、しかし、通常の直示もまた本質的には同じ作業を伴うと言える。つまり、目の前の何らかの対象を指すことは、その対象の諸性質だけでなく、まさにその対象が含まれるただ一つの個別的な今（現実）を指すことでもあるからだ。そうでないなら、その対象と実践的に識別不可能なほど類似した諸可能的対象のうち、どれがその対象なのかはけっして定まらない。「私」が指したものがそれなのだ、と言えるのは、その「私」が「この今の私」としてすでに把握されているときだけである。

クリプキ自身の意図とは独立に、クリプキの言う「命名儀式[117]」はこの意味での対象の直示を求める、と論じることは可能だろう。「昨日隣家に生まれた猫をタマと名づける」のような非直示的な命名でさえも、この命名作業はどこかで、タマそのものへの直示を巻き込まねばならず——たとえば、その猫が生まれたことを教えてくれた隣人は、猫そのものを直示しているだろう——そこには対象の面識（直接的な知覚）がある。

補論4から次の一節を引こう。「命名儀式の瞬間、まさにその瞬間に存在するものとして、記述の束に還元不可能なトークン的対象が確保される。命名者が目の前の「それ」を名づけることにより、現実世界における「それ」は実現可能性の時間分岐点となる[118]」。引用文中における「それ」は、本節の文脈における「この今」の一部と見てさしつかえない。すでに述べた理由から、それを記述の集積によって樹形図上に個別に定位することはできない。にもかかわらず、それは形而上学的に定位されており、諸可能性の樹形図はむしろ、その定位を核に構成される。すなわち、「この今」を含む何らかの枝がまず存在し、その枝のもつ諸特徴が他の可能性と弁別されることで——その弁別が繰り返されることで——樹形図は時間的に展開していく。一般に、面識された対象には認識を超えた無数の細部があるとされるが、この形而上学的な信頼は、「この今」の定位への信頼と通底している。

「この今」が樹形図上の一点に形而上学的に定位されるとき、その点から他の点への時間的連続性

(117) Kripke [1980], pp. 96-97. 邦訳 p. 115.

(118) 青山 [2011c], p. 51. 一部表記を変更。本書補論4にて再掲。

をもって、「この歴史」の全体が思考される。もし分岐が未来方向にしかないなら、「この今」の定位によって同時に、「この歴史」の過去も一通りに定まる。しばしば、「過去は決定されており諸可能性をもたない」とミスリーディングな仕方で述べられるのは——次節で詳述するように——過去のこの定位の事実である。

諸可能性が未来向きにのみ分岐し、それが認識上の錯覚でないなら、過去 - 現在を定位するようにして未来を定位することはできない。とはいえ、開かれたその未来は、定位された過去 - 現在を幹とする一本の樹として思考される。この樹はそれ自体が樹形図であるが、過去 - 現在の定位以前に与えられていた無限定な樹形図に比べて格段に小さい。それは、不特定の歴史についての諸可能性の樹ではなく「この歴史」についての諸可能性の樹であり、「この今」の論理的可能性ではなく、「この今」と地続きな実現可能性を表している。すなわち、そこでは「ありうる」に「なりうる」が先立つ。

7 過去可能性

前節での考察は、過去が諸可能性をもつことを前提として進められていた。しかし——本章で見てきた意味で——可能性とはまず実現可能性のことであるなら、過去はすでに決定されている以上、諸可能性をもたないのではないか。現実に選ばれた以外の諸可能性の枝は、すでに消えているのではないか。

　この疑問に対して答える前に、次の点を確認しておこう。第一に、そこで過去について述べられている主張は、現在についても適用できる。すなわち、複数の諸可能性の一つが現実化している（あるいは現実化した）という点において、過去と現在は同等である。それゆえ、前段落での理由から過去は諸可能性をもたないと考える論者は、現在についても同様に考えなくてはならない。第二に、単線的決定論がもし正しいなら、過去・現在についての諸可能性はもちろんない。だがこの場合には、未来についての諸可能性もないのであり、諸可能性の有無についての過去‐未来の非対称性は問題ではなくなる。

　そして第三に、現実に選ばれなかった過去の可能性が消失すると考えることは、過去時点のみの可能的歴史が消失すると考えることとは異なる。過去における可能性の分岐の消失は、消失した枝の先にある歴史全体の消失を意味する。それゆえ、過去の可能性の消失は、ありえた現在や、ありえた未来の消失を含意する。後悔のような心理現象を考えるとき、このことはとくに意味をもつ。過去になした行為について後悔するとき、人々は、過去になしえた他の行為の可能性について考慮するとともに、そちらの可能性によって開きえた未来についても――失われた未来として――考慮し、むしろそれこそが後悔の引き金となるからだ。

　以上の点をふまえて、さきほどの問いを有益に吟味するには、いくつかの仮定を置くべきだろう。まず、単線的決定論は偽であり、歴史には偶然（＝分岐）が含まれていると仮定する。そして偶然によって、未来向きの諸可能性の樹から一通りの歴史が現実化していくと仮定する。こうして、過去と未来との様相的非対称性を確保したうえで、過去の可能性とは何かを考えてみよう。

この仮定のもとで気がかりなのは、歴史の諸可能性の全体が、どの時点が今であるかによって変化する――今の推移につれて可能性の樹が縮小する――ように見えることだ。ここには、マクタガートからダメットを経て今日まで論じられる時制と記述との不調和がある。諸可能性の全体像が時制的に変化するなら、諸可能性の樹形図は不定のものとして変化し続ける。ダメットが実在の記述に関して述べた問題は、諸可能性の記述に関しても発生することになり、しかもそこで進行する時制的変化を言語によって十全に記述することはできない（→補論1）。

アリストテレス的な様相理解においては、現実化しなかった過去の諸可能性は完全に消えてしまうかのように見える。たしかに、それらの諸可能性が今から現実化することはありえず、その意味で、それらはすでに可能なものではない。だがここで、あるかないかの二分のみで諸可能性を語ることは正しいのだろうか。過去の諸可能性はもう「ない」が、しかしそれらは「あった」のであり、まったくの無とは異なっている（たとえば、あなたが生まれていない可能性と2+3=8である可能性は質的に異なっているだろう）。そうでなければ、過去についての反事実的な仮想のすべては、たんなる空想に堕してしまう。

P・ホーウィッチは、未来向きに分岐する可能性の樹形図に今を書き加え、過去から今に至る単線部分を「事実の総体」と見なすモデルを、「樹形モデル」と呼んだ。そして樹形モデルにおいては、前掲のダメットの問題に対する反実在論的な応答――実在は定まった全体をもたないために時間の本性は脅かされない――がその場しのぎのものではなくなると論じた[119]。なぜなら、今の推移につれて諸可能性の一つが現実化することで、事実の総体が拡張していくためだ。こうしてホーウィッチは、今の推移を認めることは樹形モデルへの誘因になると述べた。

他方でホーウィッチは、樹形モデルの採用は今の推移を認めることへの誘因にはならないと指摘した。「樹形モデルは「いま」を指標的表現と解することを妨げるものではない、ということ、したがってまた実在［(reality)］は、その木だけでなく、それに加えて、どの枝が現実［(actual)］となるかを選択しながらその木を登ってゆくある性質――いま――をも含んでいなければならない、と考える必要はない、ということに注意しておこう[120]」。

これらは面白い指摘ではあるが、本節での問題関心から言えば、肝心なところが不鮮明である。上記の指摘においてホーウィッチは、今の時点の現実化と、今の推移による事実の実在化（事実の固定化）を直結させているように見える。しかし、現実（actual）であることと実在（real）であることを、ただちに同一視するのは危うい。過去とは現実であった時間であり、今とは現実である時間のことだが、未来の反実在論においては通常、過去と今はともに実在である（事実が固定されている）[121]。現実性と実在性をめぐるこの微妙な差異を見失えば、過去と今は均質化してしまい、今に

(119) Horwich［1987］, pp. 25–30, 邦訳 pp. 42–46.
(120) *Ibid.*, pp. 43–44, 角括弧内引用者、読点・強調の表記を変更、原著 pp. 26–27.

おいて新たな生成があること――諸可能性の一つが現実化すること――に注目するのは困難となるだろう。この差異に敏感であってこそ、時間の動性が際立つとともに、過去の可能性とは何かという先述の問いが価値をもってくる。

過去の反事実的な諸可能性は、もはや実現可能ではないが、しかし実現可能だったものである。それらは今後も永久的に、実現可能だったものであり続ける。この構図は、過去の存在一般についての常識的な構図と同型のものだ。[122] アリストテレスはもはや存在しないが、彼はかつて存在した。そして彼は永久的に、存在したものであり続ける。かつて存在したものについて語ることが、そもそも存在しないものについて語ることと異なるなら――それは大いに異なるだろう――、かつて実現可能だった歴史について語ることも、そもそも実現不可能であった歴史について語ることと異なっているだろう。諸可能性の選択がすでに終わったことと、諸可能性そのものの消失は区別してしかるべきである。

それゆえ、本節冒頭の問いに対して、私は次のように応じたい。過去の反事実的な可能性の枝は、現在からは到達不可能であるが、かつて可能だった枝としては保持される。現在から見た諸可能性の樹は刻々と縮小し続けるが、時制眺望的に見た諸可能性の樹は変化しない。そしてこのことは、論理的可能性に対する実現可能性の先行という、前節までの見解とじかに対立はしない。

われわれがいま見ているのは、マクタガートによるA系列/B系列の区分の、実現可能性への適用である。A系列的な実現可能性の樹は刻々と縮小し続けるが、B系列的な実現可能性の樹は変化しない。後者において「過去の諸可能性」は、その表現を使用した時点よりも前の「ある時点」における諸可能性へと翻訳される。他方、前者においてこの翻訳は、その「ある時点」が今であったときの諸可能性への翻訳にほかならず、諸可能性は今より後にしか存在しないという直観がそこでは働いている。もし、この直観を重視するなら、諸可能性の樹は刻々と縮小するだろう。時制眺望的な、不変の諸可能性の樹など、存在しないことになるだろう。

だが、A系列的な実現可能性の擁護者も、時制眺望的な諸可能性の樹に一定の意味を認めるに違いない。これはちょうど、A系列論者が時間の直線表象に、一定の意味を認めるのと同じことである。純化されきったA系列論者は、特別な在り方をする「この今」を、「今であった」過去や「今になるだろう」未来と同等の「点」として、直線表象の一部となすことが理解できない。A系列と

(121) もちろん、この理解に反する「現実」「実在」の用法はありうるが、その点は問題ではない。ここでの用法の意図については、本章のこれまでの叙述から明らかであろう。一つ補足を加えるとすれば、本節での「実在」の用法は、ダメットによるマクタガート擁護での叙述の影響下にある。つまり、命題の真理値の確定性をめぐるダメット流の「実在」概念が、「事実の固定性」に対応するものとして、本節では使用されている。

(122) とはいえ、ここには次の問題もある。アリストテレスのような物理的存在は、ある時間的位置に存在し、それゆえ、過去のある時点に存在していたと主張することは容易である。しかし、過去の諸可能性について、同じことが言えるだろうか。そもそも、それらはどのような存在論的身分をもつのか。これは明らかに、可能世界意味論の根幹に関わる問いであろう。

B系列との翻訳作業に長けたA系列論者――じつはほぼすべてのA系列論者――であればこそ、時制眺望的な観点から時間を直線表象化したのちに、そこに特別な一点としての「今」を書き加えることができる。ホーウィッチの樹形モデルもまた、そうした折衷作業を経て作成されたものにほかならない。だからこそ、あのモデルにおいては現実（actual）と実在（real）の相違が不鮮明であらざるをえず――A系列的「現実」とB系列的「実在」との強引な折衷――そのことは、ホーウィッチの図に過去の可能性の枝が描かれていることによっても裏づけられている[123]。

8　補遺

次章への橋渡しとして、本章執筆の背景について述べる。本章の草稿はもともと、この世界がニーチェ的な意味での宿命論的世界――他の可能性をもたない世界――であったとすればどうか、という問いへの応答の一部として書かれた。永遠回帰の直観を経たニーチェ的な宿命論においては、因果的決定性は主役ではなく、むしろ、あるものが別のものに作用する――そして未来の可能性が選ばれる――という意味での因果そのものが消去される。こうして、（スピノザ的な）因果的必然によってではなく、必然と偶然の一体化によって、「可能性の様相の抹消」がなされる[124]。このとき、「あらゆるものは、必然的でも偶然的でもなく、ただ現に（現実的に）生起するだけ[125]」となり、永遠回帰の思想のもとで、「「ただ一度」と「無限回」とが重なり合う可能性が予感される[126]」。

倫理学における不道徳（immoral）と無道徳（amoral）の対比になぞらえて、ニーチェ的な宿命論の世界を、不自由ではなく無自由（afree）な世界と見なそう（「無自由」という表現の正確な規定は第四章第1節を参照）。すなわち、自由と不自由という対立軸の外にある、自由でも不自由でもない世界として[127]。その世界においては、未来の諸可能性の一つを自由に選びとる主体は存在せず、未来の諸可能性の一つを不自由に押しつけられる客体も存在しない[128]。なぜなら、諸可能性の選択そのものが、その世界にはないからだ。

分岐問題の検討を通じて、この世界は無自由な世界かもしれないことを、私はしばしば疑ってき

(123) Horwich [1987], p. 26, 邦訳 p. 42.

(124) 須藤 [1998], p. 146.

(125) 中島 [2013], p. 62.

(126) *Ibid.*

(127) 自由／不自由の埒外にあることの意味は、第四章にて詳しく論じる。いまは、ここで言う自由／不自由の対が、両立論的な意味でのそれではないことを述べておこう。たとえ世界が無自由であっても、両立的自由（あるいは両立的不自由）はおそらく保持しうる。ただしその場合には、第二章第5節で述べた「強制のなさ」の意味づけの可否が、重大な問題となってくるだろう。無自由な世界には反事実的な諸可能性がなく、それゆえ、そうした諸可能性に依拠した「強制のなさ」の意味づけが阻まれるからだ。

(128) そしてここには、運命を自ら受けいれたり肯定したりする主体も存在しえない。この点を見誤るとき、ニーチェ的宿命論は一種の悟りのようなものとして、人々を容易に自己欺瞞に導く（→第四章第8節）。スピノザ的な宿命論における特殊な「主体のなさ」に関しては、上野 [2005] 等を参照。

た。しかし、もしそれが事実だとすれば、可能や必然といった様相概念の故郷を突き止めなくてはならないだろう。たんに無知ゆえの錯覚として様相概念を消し去るだけでなく、そうした錯覚が生じる理由を具体的に検討すべきだろう。

様相についての本章の考察は当初、この「錯覚」を解き明かすための一助としてなされた。可能性というものがすべて幻だとするなら、その幻の源泉の一つは、時間の動性にあるのではないか。ある全体が他の全体に「なる」ことを動的に捉えることなしに、可能性の幻視は生じないのではないか（↓本章第1節）。もちろん言語（論理）は重要であるが、言語がそれだけで——無時間的にいっぺんに——可能性という幻を与えるとの見方が、ここでは疑問視されている。

過去から未来へと続く時間系列は、先哲の議論においてときおり、可能的な「今」の系列と見なされる。なるほど、いま現実に「今」ではない過去や未来の時点も、「今」であることが可能なのだから、それらは可能的な「今」だと言える。この発想は、「私」でない他者を可能的な「私」と見なす議論へと、滑らかにつながっていくだろう。とはいえ本章の精神においては、ここでこそ注意が必要となる。どの過去やどの未来も、たまたま「今」になったりならなかったりするのではなく、いわば必然的に（その時点において）「今」となる。どの他者も、たまたま「私」になったりならなかったりするのではなく、いわば必然的に（その人物において）「私」となる。こうした指標詞は明らかに、「現実」と異なる構造をもっている（可能主義のもとで「現実」を指標詞化しない限り）。にもかかわらず、「今」になることや「私」になることを可能性の現実化に喩える人々は、可能性という幻に関する、言語の越権を許してはいないか(129)。

とりわけその「越権」は、時間的動性の無視によって極まる。未来が「今」に「なる」ことを可能性の現実化に喩えるとき、言語的な「ありうる」は「なりうる」に先立つように見えるし、それどころか、「なる」にさえ先立ってしまうように見える。つまり、論理的可能性が――実現可能性に対してだけでなく――様相と無縁なたんなる動性（時間的推移）に対してさえ、先立つかのような構図が得られる。これはもちろん、本章の論旨と真っ向から対立する構図だ。

たとえ、この世界が本当は無自由であり、様相概念のすべては錯覚だとしても、未来が「今」に「なる」ことを同様の錯覚として片づけるべきではないだろう。「ありうる」と「なりうる」が――どちらが他方に先立っているにせよ――ともに幻だとしても、「なる」が幻であるとは限らない。むしろ「なる」だけは生き残ったとき、われわれは無自由な世界を垣間見て、特殊な洞察を得られるのではないか。永遠回帰という動的な直観を経て、ニーチェがまさにそうしたように(130)。

(129) 日本哲学会第七十三回大会シンポジウムにて――中島［2014］を念頭に置いて――私は提題者として次のことを述べた。未来の内容がたとえ不確定だとしても、未来そのものについて「ある」「ない」の可能性を問うことは、本節の意味での「言語の越権」ではないかと。その思考は、言語的な「ありうる」を「なる」にさえ先立たせる営みであり、本章全体の狙いに抵触する。なお、本書の第四章第8節における九鬼周造への批判的検討は、シンポジウムでの上記発言と呼応するものである。

(130) ニーチェは自由意志や様相概念の幻想性を暴き出すに際し、歴史はかくあり、かくあるだけである、と述べるだけでは足りず、「なる」の無限の回帰に訴えた。「この今」が、終わることなく、同じ歴史内容を無限に繰り返すこと――、それを想像させることで、必然と偶然を溶解させようとした。この「回帰」はもちろんレトリックにすぎないが、なぜそのレトリックが鮮烈なのかは、丁寧な分析を必要とする。ニーチェがそこで表したかったことは、B系列的観点からは表しえなかった。最後に伝えるべき世界の像は、むしろB系列を彷彿とさせる――歴史はかくあり、かくあるだけである――にもかかわらず、彼にはA系列のレトリックが必要だった。この点についての私の分析は、いずれ別の箇所で記すことにしたい。

第四章　無自由世界

1　他我問題の反転

B・リベット、R・E・ニスベット、T・D・ウィルソンらの著名な研究[131]と、それらに続く多くの研究[132]は、心理学と神経科学の両面から以下のことを仮説的に支持する。人間の意思決定においては、自覚的な決断の意識に先立ち、潜在的心理過程や脳神経活動が生じており、それらが実際の選択をひき起こしていること。自覚的意識はそうした諸原因を取り逃がしており、むしろ、選択が実際になされたあとからポストディクティブ（事後遡及的）に——当人も気づかずに——不正確な理由が形成・作話されること。

(131) Libet *et al.* [1983], Nisbett & Wilson [1977] など。
(132) Johansson *et al.* [2005], Shimojo *et al.* [2003], Haggard & Eimer [1999], Soon *et al.* [2008] など。

これらの知見は一見、分岐問題に答えを与えているように見える。諸可能性の一つを現実化する心理的決断などもとから存在せず、それゆえ、その時間的位置の不確定性も問題にはならない、というかたちで。しかし、この「答え」が不十分であることは第一章の考察から明らかであろう。たとえ心理的決断が存在しなくとも、内省的な意識現象に限らない全出来事に関して分岐問題は生じる。潜在心理的・神経科学的要因についても、諸可能性の一つを選ぶものとして、それを分岐図上に定位することはできない[133]。

分岐問題への回答を単線的決定論に求めるとき、諸可能性の分岐は消失し、「未来の諸可能性の一つを自由に選びとる主体」も「未来の諸可能性の一つを不自由に押しつけられる客体」も姿を消す（↓第三章第8節）。このとき人間は、決定するもの／決定されるものとしての、自由／不自由の対の外部におり、前章最終節での表現を用いれば、無自由（afree）な世界の住人となる。すべての出来事は起こるままに起き、とりわけ、時間非対称な決定／被決定関係——時間的な一方向性をもった作用（↓第一章第4節）——は維持しえない。こうした世界の描像が、一般的な意味での決定論（法則的決定論）を超え出たものであるのは先述の通りだ。ニーチェやスピノザの哲学の影を、ここに見る人は多いだろう。

> ［……］もし誰かが、このように〈自由意志〉なるこの有名な概念の百姓風の間抜けた正体を看破し、これをおのれの頭から叩き出すようになったなら、望むらくは彼が自らの〈啓蒙〉を

さらに一歩を進めて、あの〈自由意志〉なる背理的概念の反対物をもその頭から叩き出してもらいたいものだ。私が言うのは、原因と結果というものの誤用をやらかすようになる例の〈不自由意志〉という概念のことである。［……］ことがら〈自体〉のうちには、〈因果の連鎖〉とか〈必然性〉とか〈心理的不自由〉とかいったものは何ひとつ存在しない。そこでは〈結果は原因に従う〉ということもなければ、何ら〈法則〉が支配しているわけでもない。(134)

他方、分岐問題への回答を偶然（＝分岐）の存在に求めるなら、可能性の現実化にはつねに、無根拠な偶然が介在する（↓第一章第5節）。あなたはいま手を上げることも上げないこともできた――いずれの可能性も「あった」――のだとすれば、そのどちらかが現実であることには、一回性をもった偶然が関わる。そこには選択の主体がおらず、だれかの選択を押しつけられる客体もまた存在しない。潜在心理的・神経科学的要因を持ち出しても、このことはもちろん変化せず、こんどはそれらの要因の生起が偶然に依存することになる。こうした世界の描像は、諸可能性の分岐が存

(133) 単線的決定論を仮に採用し、なおかつ強固な因果的法則性をその決定論に上書きしてみよう。このとき上記の諸科学的要因は自覚的決断に時間的に先行しうるし、選択結果との法則的結びつきに関しても、自覚的決断以上に強い結びつきをもつ場合がありうる。だが第一章で見たように、こうした法則性の成立は、その当該の要因が諸可能性を選ぶことを含意しない。

(134) ニーチェ［1993］（原著初版 1886）, p. 47, 強調原文、省略引用者。

在する点で単線的決定論と異なるものの、すべての出来事はやはり起こるままに起こる。この描像下での人間も、決定／被決定関係としての自由／不自由の埒外にある点で、無自由な世界の住人だと言ってよい。

いま述べたことは、自由意志が偶然の一種でありうる――より慎重に言えば、自由意志と偶然は何か同じものの二つの側面でありうる――との第二章後半での議論に抵触しない。本章第7節で再考するように、三人称的（唯物論的）観点における一回性をもった無根拠な偶然は、生《き》のままでは――他の成分と協働しなければ――自由意志とは見なせない。第二章第7節で私は確率的法則の介在を示唆したが、それは統計的観点に立った時間単線性への接近を部分的に求める（それゆえ本章第7節の図において「自由意志」が底辺に張り付くことはない）。これはつまり、自由意志が偶然の一種だと言うときの「一種」とはどのような種かに関わる議論だが、以下でも別の視点から、その議論を引き継いでみよう。そこで注視されるのは、他者の二人称性の介在であり、そしてそれによって促される「偶然の起点化」である。

まず次の問いから始めよう。分岐問題の検討において、先述の科学的知見から何を学ぶべきだろうか。潜在心理的・神経科学的要因に対する自覚的決断のポストディクション（事後遡及）、さらには、行為に対する理由の作話のポストディクション、人間のあらゆる意思決定においてそれらが仮説的に示唆されるならば、いわゆる「他我問題」との関連のもとで、その示唆を分岐問題に結びつけることができる。

哲学史上の「他我問題」は、二人称的な他我の不可視性に由来する。「二人称」という表現には、少し説明が必要だろう。本書で言う「二人称」は文法上のそれではなく――つまり「あなた」や"you"のような呼びかけの言葉ではなく――目前の他者それ自体を意味しており、そして同様に「一人称」は「私」自身を意味している。ある一人称的主体としての「私」は、他者の意識がどのようなものかを知らない。他者がどれほど痛そうにしていても、その痛みを私が感じることはできず、私に分かるのはその他者が「痛み」に関して私と同様のふるまいをすることだけだ。視覚についても聴覚についても、あるいは内語等の経験についても、主観的経験は文字通り主観的に秘匿されている。その意味で、私は他者の意識の存在を真に知ることはできない。

ここで注目すべき一つの見解は、自由意志と意識がその可視性について、人称的に逆転しているというものだ。ただし、自由意志についての可視性とは、その非存在についての可視性である。後述の通り、自分自身の自由意志については――本質的には諸可能性選択の「起点」は――その非存在が可視であるのに対し、他者の自由意志についてはその非存在が不可視である。非存在が不可視であることはもちろん、存在が可視であることとまったく違う。にもかかわらず、われわれはこの非論理的な置き換え――非存在の不可視から存在の可視への――を生きているのではないか、というのが、これから検討してみたい問いだ。

第二章では、非両立的自由としての自由意志と、両立的自由との関係について、さまざまな観点から論じた。自由意志に関して言えば――行為者因果説の発想とは逆に――自分自身についてこそ、その存在は疑わしいものとなる（→第二章第1節）。詳細な内面観察をすればするほど、身体運動の感覚や姿勢変化の予期を超えた、自由意志の内観とは何かは分からなくなっていく。自己内省によって捉えた自由感については無知ゆえの錯覚である可能性がぬぐえず、より深刻な問題として、分岐問題との直面がある。すなわち、諸可能性選択の起点を、時間分岐図に定位しうるかたちで内観することはできない。

結局のところ、行為者の一人称的な意識の内部に、自由意志の存在証拠を見出すことは難しい。もしも他者の意識が見えたなら、同じ結論が得られるだろう。他者の意識の内側にも、自由意志の存在証拠はないだろう。しかし他者の意識は見えない。とりわけ、その時間的位置は見えない。分岐問題を考えるうえで、この不可視性は重要だ。他者の意識が見えないからこそ他者の身体行動の背後に自由意志の働きを想定する――、こう考える余地が生じるからである。次節ではP・F・ストローソンの議論を手がかりに、その可能性を探ってみよう。

その前に、本章では十分に扱えないある論点についても簡単に触れておく。人称と自由についての本章での議論には、いわば復路のみがあって往路がない。他者の見えない内側がなぜあると言えるのか――観念論的に言うなら「どのように構成されるのか」――が論じられていない。これは他我問題の中心的問いであり、それについて論じるためには別の一冊が必要だろう。共著『〈私〉の哲学 を哲学する』（二〇一〇年）のなかで、私は他の共著者とともに、この問いをめぐる自説を述べた。同書での私の議論が不十分なものであることは間違いないが、それでも本章を読むうえで大きな理解の助けとなるだろう。とりわけ本章で後述する「私」「現実」「現在」の内側のなさに関して。

他者の〈不可視な内側〉について、いまは限られた話を述べておこう。その存在の承認は、私の内側と同様のものを他者がもつことの承認とは異なる。私の内側に不可視なものはなく、それゆえ、本来それは内側ですらない。私の所有するいかなるものを他者に移植しても——そうした類推を経ても——不可視なものを得ることはできない。しかし、私から他者への移植によってその承認がなされるのでなければ、ほかにどのような手立てがあるのか。

この問いは転倒しているかもしれない。私は、私から他者へではなく、他者から私への「不可視な内側」の移植によって私の内側を承認する——私が他者にとっての他者であることを認める——のかもしれず、だとすれば、不可視なものこそが原初的である。この問題はきわめて難しく、また、この種の概念的生成論にきれいな論証が与えられる望みは薄い。いずれにせよ考慮すべきなのは、見えるものの側からでなく、見えないものの側から始める道があり、その道もまた非常識な形而上学ではない——われわれの常識とよく調和しうる——ということだ。その一つの実例を以下では見ていくことにしよう。

2　ストローソンとデネット

ストローソンは論文「自由と怒り」（一九六二年）において、決定論の正否とは独立した視点から、他者への反応的態度――怒り・許し・感謝といった――を論じた[135]。雪や金魚や文房具などに対してわれわれは反応的態度をとらず、客体への態度――処置や管理や回避といった――をとる。たとえそれらの事物によって何らかの害を受けたとしても、他者に害されたときのような怒りを抱くことはない。

だれかがあなたを突き飛ばしたとして、あなたが反応的態度をとらず――怒りを感じず――客体への態度をとるのは、どんな場合だろうか。あなたを突き飛ばした人物が幼児やある種の精神異常者であるとき、あなたはその人物に対して客体への態度をとることがある。彼らを遠ざけたり、訓練したりすることはできるが、それはちょうど機械の不具合に対処するようなものであり、自由な主体への態度ではない。また、だれかが転倒しそうになってあなたを突き飛ばしたような場合も、あなたは反応的態度をとらないことがあるが、この場合、客体への態度は当該の行為のみに向けられ、あなたを突き飛ばした人物そのものには向けられない。

決定論が何らかの意味で正しいにせよ、すべての人間に対して客体への態度のみをとる――反応的態度を全廃する――ことはできない、とストローソンは言う。われわれが客体への態度をとるのは、いま見た二種類の場合なのであり、これらの場合において用いられている基準は、決定論の正否と関わりがないからだ。たとえば幼児と成人との区別は、幼児と成人との一般的な知的能力の差に依存しており、決定論とは何の関係ももたない。

ここで興味深いのは、決定論――なかでも明快かつ一般的な決定論としての法則的決定論――が正しいとしてさえ、そのなかで峻別することが可能な「できる」「できない」の違いがあることだ。この点については、D・C・デネットによるコンピュータ・チェス対局の議論が啓発的である。[136] コンピュータのチェス・プログラムは、決定論的メカニズムに従ってチェスの対局をする。すなわち、同じ状況では――チェスの局面だけでなくコンピュータの内部も同じ状況では――必ず同じ手を指す。擬似乱数（決定論的なメカニズムに基づく）を使って作戦を選ばせても、もちろんそのことは変わらない。

二つのチェス・プログラム、AとBを繰り返し対局させたとしよう。擬似乱数や学習機能を利用することで、AとBは毎回異なる内容のチェスを指すことができるが、積み重ねられた対局の内容全体は法則的に決定されている。コンピュータの電源を入れ直し、内部を完全に同一の初期状態に戻して対局を開始したなら、AとBは次々と前回と同じ棋譜を生んでいくことになる。

それぞれのプログラムの優劣によって、AとBの対戦成績には大きな差が生じるかもしれない。

（135）「反応的態度」という訳語は定訳化しており、本書でもこれを用いるが、成田和信の指摘する通り、ここでの「態度」との表現はもっぱら「心の姿勢」や「心の態度」を念頭に置いたもの――言い換えるなら「心情」にあたるもの――である（成田［2004］, p. 10）。なお成田は反応的態度を「反応的心情」と表したうえで、ストローソンがそれを「善意の要求」に伴う心情と見なすのに対し、価値判断に伴う心情と見なす案を提出している（*ibid.*, pp. 27-28）。

（136） Dennett［2004］, ch. 3, sec. 4.

たとえば千回の対局のうち、九割以上をAが勝つかもしれない。さてこのとき、AがBよりも強い理由をどのように説明すべきだろうか。Aが九割以上勝ったのは、法則的決定論に従っていたから？　デネットが述べているように、そのような回答は馬鹿げている。AがBより強いのは、Bよりも優れた何らかの特性を備えているからであり、たとえばそれは、定跡の膨大なデータベースであったり、局面の優劣を数値化する優れた採点システムであったりする。その意味で、AはBと異なり、多彩な定跡を駆使することができるし、形勢を的確に判断することもできる。たとえ法則的決定論の内部においても、AにはBにできないことが「できる」と述べることは意味をもつ。

以上はデネットによる主張を、私なりの表現で――「できる」「できない」の対比のもとで――述べ直したものである。決定論的世界では、幼児や精神異常者だけでなくあらゆる人間は、定められたことしかできない。だがそのような世界でも、幼児や精神異常者にはできないことを通常の成人はできる、と言いうるような「できる」の意味は確実にある。人々はまさにその事実によって、ある人物に反応的態度をとるか客体への態度をとるかを日々判断している。

コンピュータ・チェスとの関連で、私が過去にエッセイで記した「人生の棋譜化」についても触れておこう。[137]　将棋やチェスの棋譜においては、分岐問題はすべてかき消されている。棋譜はその本性上、可能性の時間分岐点を記述しない。たとえば、将棋の初期局面から先手は三十種類の手のうちの一つを指し、後手もまたそれらの手に対し、それぞれ三十種類の手を指すことができる。棋譜ではこの過程が「▲7六歩　△8四歩」などのように記されるが、しかしここには▲7六歩と△8

四歩のあいだの分岐点や、そこでの選択については記されていない。たとえ考慮時間が記されていたとしても、それどころか言語化しうる対局者の思考がすべて記されていたとしても、何が決定的な選択要因だったのかについて棋譜が教えてくれることはない。

言語の本質の一つがここにある。言語は事物を切り分けることをその機能としており、そのため言語は、連続的な時間を細切れにする。▲7六歩から△8四歩へと至る流れを完全に言語化することはできず、可能性の分岐点は——仮にそれが存在するとして——言語情報から必ず逸脱するものとしてのみ想定される。分岐点はたまたま記述されないのではなく、分岐点を記述しない／記述できないという点にこそ、言語の本質が現れているのだ。［／］その意味で、行為を言語で記述することは、人生を棋譜化することだ。それが棋譜化である以上、ある行為をなぜしたのかについての究極的な答えはけっして述べられない。分岐点がどこにあるのかは行為の最大の謎であり、棋譜化とはまさにこの謎を公共的に覆い隠す作業である。［／］人間社会は、棋譜化によるこの隠ぺいによって、今日のように成り立っていると言ってよい。もしこの隠ぺいが白日のもとにさらされ、人間はじつは誰一人自分で選択などしていない（すべては決定済みか、あるいは偶然の結果）という「事実」が公共化したなら、倫理や価値判断の意味は

（137）青山［2011b］.

根底から変化することになる[138]。

この引用文の前半はベルクソン的な意図において正しいと思うが、分岐問題の文脈においては、やはりベルクソン的な意図においてミスリーディングでもある。言語による分節化はたしかに分岐点を取り逃がすものであり、人生の言語化もまた分岐点の消失をうながすが、第一章で確認した通り、言語以外の何を持ち出そうと——たとえば現象的な経験であろうと——ある可能性が現実に選ばれた分岐点を捉えることはできない。それゆえこの引用文は、棋譜化によって分岐点が取り逃がされる——棋譜化をしなければ分岐点を捉えうる——と読むのではなく、いかにしても取り逃がされてしまう分岐点という想定そのもの（取り逃がされるものがあるということ自体）を覆い隠すのが棋譜化である、と読むべきだろう。

ところで「▲7六歩　△8四歩」という先述の棋譜は、三十×三十通りの指し手のなかから、ただ一通りだけ選ばれたものである。表面上ここには「▲7六歩　△8四歩」という情報しかないが、そこには、残りの指し手の可能性のすべて——八百九十九通りの——が背景情報として含まれている。「棋譜は、そこに書かれた現実だけでなく、書かれていない他の可能性にも言及したものとして読まれなくてはならない[139]」。このような背景の可能性を網羅できるか否かに、将棋と人生との決定的な違いがある。人生においては、実際になされた選択のほかにどのような選択が可能であったかを、将棋のように網羅することはできない。

幼児への叱責に関して、補論3では次のように述べている。「幼児は二重の規範性を一体化して学ばなくてはならない。何が悪い行為であり何が良い行為であるのかを学ぶだけではなく、何が悪い様相把握であり何が良い様相把握であるのかも、同時に学ばなくてはならない」[140]。人生において反事実的な可能性を将棋のように網羅することはできないが、にもかかわらず、それをどのようなものとして承認するかは「人」とそれ以外との分水嶺となる。この点については、さきほどのエッセイの末節を見るのがよいだろう。

私が外に食事に出たとき、それが私の選択だと見なされ、行為の責任をも背負わされるのは、われわれが公共的な棋譜化を行なっているからだ。「食事に出た」という指し手が棋譜化されるとき、この棋譜は、「食事に出ない」という指し手もまた可能であったことを書いたものとして読まれなくてはならない（あの「△8四歩」の棋譜と同じように）。このとき、どうしてそのように読まなくてはならないのか——他の可能性があったことなど物理的には検証不可能なのに——と問い続ける人物は、人間社会から追放される。棋譜を棋譜として読める人物だけが、人間社会という対局の場に参加することが許されるからだ[141]。

(138) *Ibid*., p. 630. 句読点・数字の表記を変更。
(139) *Ibid*.
(140) 青山［2008b］, p. 69. 本書補論3にて再掲。

この引用では明らかに、決定論と不整合な思考が倫理的実践のために求められている。何か悪しき行為をして「反省」を求められるとき、行為者はその行為をしないことができたと信じなければならないが、そこではデネット的な「できた」だけでなく、まさにその行為トークンを避けられたという意味での非両立論的な「できた」が承認されている。これは事実の問題というより社会的信仰の問題だが（→補論3第5節）、その信仰の内部では、善なる様相把握と真なる様相把握が一体化している。

3 二人称の自由

私はストローソンやデネットの議論が重要な洞察を含んでいることを認めつつ、しかし、決定論の正しさを信じることと反応的態度をとることの両立には、疑問を差し挟みたい。前節での表現を使うなら、決定論内部で峻別可能な「できる」「できない」の区別があったとして、その区別をただちに――倫理的実践に直結する意味での――「自由」「不自由」の区別に置き換えることには賛成できない。ここには、前者の区別を後者の区別へと昇格させるものが必要であり、それこそが人々を、他者への反応的態度に導くものである。

私はその鍵を、他者が他者であること自体に求めたい。すなわち、本章第2節で検討した、他者の人称的な不可視性に、反応的態度への誘因を見出したい。実践上の反応的態度とは、自分自身や見知らぬ他者を含めた主体一般への態度である前に、何よりもまず、目の前の特定の他者への態度であろう。反応的態度から道徳的態度への移行においては、ストローソンも正しく示唆している通り、主体の一般化が不可欠である。つまり、他者にとっての他者としての自分や、まったく私と接点のない不特定の他者をも含めた、一般化された主体に対する反応的態度を育てることで、自責や公憤といったものが生じる。だが、反応的態度の源泉はあくまでも目の前の具体的な他者であり、それこそが第一義の「主体」であろう。この観点に立つとき、私自身や見知らぬ他者といった「主体」は、事後的に構成された抽象物としての主体だと言える（倫理学の基礎づけがうまくいくかどうかは、この構成の成否に大きく依存する）。

　カート・ヴォネガットはサルトルの言葉をもじって、迷惑とは他者のことだ、と言った。そして、迷惑は地獄になりうる、と。[142] 負の感情に限って言えば、他者とは怒りの対象となりうるものである。雪や金魚や文房具に対してはけっして抱くことのない怒りを、他者という対象に対してもつことは、たとえそれが負の感情であろうと、対象への最上級の存在論的承認だと言える（人々がしばしば、無視されるよりは憎まれることを望むのも、そのためだろう）。その一連の過程は、不可視な内側があるものとしての他者の承認であり、その承認は、たんなる物体としての身体運動を自由意志による

（141）青山［2011b］, p. 630, 句読点の表記を変更。
（142）Terkel［2001］, p. 225.

身体行動に変える。

同じことは、「私」についても言える。ある一人称的主体としての「私」が私自身を自由と見なすとき、より正確には、私が私のある行為を自由意志によるものであったとポストディクティブに理解するとき、私は私を他者化している。すなわち、他者にとっての他者であるものとして、私を見ている。心理学上の自己知覚理論（self-perception theory）やそれに類する行動主義的な自己解釈の理論は、このような「私」の他者化が、「私」の内面観察以上に豊富なデータを（私自身に諸心理状態を帰属させるうえで）もたらしうることを教えてくれたが、いま論じたいのはその点ではない。いまはむしろ、私が私を他者として見ることで、自由意志の非存在を不可視とする領域を確保しうる点が重要である。

私が私の一人称的経験のみを見る限り、そこに不可視のものはない。潜在的な心理過程や、フロイト的無意識といったもの——当人にも不可視とされる「心」——は、特定の理論のもとで私を観察・分析した際に概念的に要請されるものであり、それらの不可視性は、他我の人称的な不可視性とは異なる。(143)いま検討しているのはもちろん、人称的な不可視性であり、その不可視性と反応的態度との関連だ。そこから導かれる仮説はこうである。「私」が他者に腹を立てるのは、何か観察可能な立腹すべき事実——たとえば殴打——があることに加えて、人称的に不可視な領域（内面）があり、そこに立腹すべき「事実」——たとえば悪意による行為選択——を作話するからではないか。もしこれが妥当なら、自由意志とはその意味で本質的に二人称的なものであり、二人称性の承認自体が自由意志の承認と結合している。いわば、自由とは他者のことである。旧稿で私はこの意味での自由を、「二人称的自由（second-person freedom）」と呼んだ(144)。

他者に不可視な領域があることは、他者の外面的な行動が不条理であることとは別であり、むしろ、立腹すべき「事実」の作話においては、他者の行動に何らかの規則性――合理性の承認に結びつく――を見出せねばならない(145)。重い精神異常ゆえに、ある人物の行動がまったく脈略のない非合理なものである場合には、その人物の内面に「事実」を作話することは困難である（非合理性が極端な場合には、それを「行為」とさえ見なせないだろう）。他方、他者の外面的行動が適度に規則的である場合には、それは「性格」「好み」「信念」などとして理解されるが、過剰に規則的である場合

(143) ただし二つの不可視性のあいだには、依存関係を認めることができる。私の「無意識」の不可視性は、他者から見た他者としての私に関して、不可視な「他我」を想定することなしには、十分な意味を持ちえないだろう。つまり、本節で見る意味での自由――二人称的自由――を持つものとして、私を他者化することなしには。次節ではこの観点のもとで、他者化される以前の私の「内側のなさ」が論じられている。

(144) Aoyama *et al.* [2015], pp. 13-14.

(145) 行為と合理性の関係については、Bratman [2000], Searle [2001], 柏端 [2007] などにおいて、多角的な議論がなされている。柏端 [2007] の後半では共同行為についても論じられているが、共同行為論の観点は本書に含まれないものであり、それと本書の議論とがどうつながるのかは興味深い問題である。たとえば、分岐問題についての本書での分析は、共同行為論にとってどのような意味をもつのか。共同行為における「決断」の時点とはいつであり、そしてその「決断」にはいかなる種類の因果性が求められるのか（柏端 [2007] 第六章）。

には——単純かつ非乱数的な人工知能のように次に何をするかがほぼ完全に分かる——立腹すべき「事実」の作話は困難となる（そこまで過剰な規則性はやはり、精神異常の一種と見なされるだろう）。
いま述べた構図は、自己知覚理論を図地反転させたものだと言える。自分自身を他者として見ることで自己認知の材料を増やすのではなく、逆にその材料を減らす——自分自身に不可視な領域を設ける——ことによって、自己を自由と見なしうるからである。この「反転」はもちろん、本来の自己知覚理論の含意と衝突しない。本来の自己知覚理論が示唆する豊かな自己認識があってこそ、「私」は私自身の行動を因果的・規範的にうまく解釈することができ、それゆえに、私の内面抜きの私——行動主義的観点から見た私——を通常の一人の人間として思考しうる。この、私の内面抜きの私こそ、他者化された私にほかならない。
よって、行為者がある行為の理由を答えることには、大きく二つの意味がある。一つは、行為者自身にしか観察できない内面的過程を言語化することで、外面的（行動主義的）な行為の記述をより詳細に補うこと。すなわち、一般的な意味での「動機」などを語ること。もう一つ、分岐問題との関連においてより重要なのは、そうした内面的過程のうちに行為の〈本当の要因〉——諸可能性の一つを現実化させた要因——が実際にはなくとも、他者から人称的に秘匿されているその内面的過程の存在が示されることで、そこに〈本当の要因〉があるかのように自他に信じさせることである。[146]
行為の理由の言語化がしばしば不明瞭であり、ポストディクティブな作話でもあることは、たんなる認知的エラーではない。かえって、それが不明瞭でなく、ある行為の〈本当の要因〉が特定されてしまったならば、その時間的位置の定位をめぐって分岐問題は人々を脅かすだろう。本節での議論は、こうまとめられる。人称的に不可視な他者の内面のうちに行為の〈本当の要因〉があると信じること——実際にはなくともあると信じること——、それによって「私」は他者を自由な主体と見なす。すなわち他者を、両立的自由をもつだけでなく、諸可能性の選択をなす自由意志をもつ者と見なす。そして自分自身をも、他者にとっての他者と見なすこと——そして他者からも他者として扱われること——によって、私は私自身を自由な主体と見なす。いわば、上記の「認知的エラー」とそのエラーの存在への無知が、人間を自由な存在としている（次節以降の議論では、とくに限定なく「自由」と記した場合、いま見た二人称的自由を意味する）。

4　なぜ道徳的であるべきか

多くの倫理学者たちの議論に、それ自体、強い倫理性を感じるのは、一人称的観点からの倫理の基礎づけを意図している点だ。つまり、この「私」が倫理的でなければならない理由の探究から、

(146)　ここでの「本当の要因」との表現は、他の観点における要因——たとえば反事実条件分析を満たす意味での「要因」——が「偽の（非実在的な）要因」であることを意味しない。分岐問題にとって本質的な要因をさしあたり「本当の要因」と呼んでいるにすぎない（↓第一章第2節）。

すべての人々が倫理的であるべき理由を得ようとしている点――。現実問題として、（私以外の）すべての人々が倫理的であってほしい理由は――あるべき理由ではなく、あってほしい理由は――第一に、ほかならぬ私が害されないためだろう。そして、私的な反応的態度としての怒りを公的な道徳的態度に結びつけることで、私を害した（あるいは害しそうな）人物を他の多くの人々とともに糾弾できる状況を得るためだろう。しかし、この非倫理的な――利己的な――構図は、倫理的な倫理の基礎づけでは姿を消す。そこでは他者ではなく私こそがまっさきに倫理を選び取らなくてはならない。たとえそこでの本当の狙いが、（私以外の）すべての人々を倫理化し、私への害を減らすことであっても。

　非倫理的であるといま述べた構図は、なぜ非倫理的なのか。他者の自由を束縛する一方で、私自身の自由だけを特権的に確保しているように見えるから？　しかし、この構図は、個人史としては幼児の目からの構図であり、進化史としては動物の目からの構図であり、実際のところ、そこに私の自由の特権化はない。そもそも、そこには特権化されるべき自由がまだ確立されていない。というのも、自由とは――先述の意味で――他者のものだからだ。私が私自身の自由を考慮できるのは、他者にとっての他者として、私を主体化したあとのことである。

　なぜ道徳的でなければならないか、という問いに対しては、人間一般が道徳的であることが人間一般にとって功利性をもつという、平凡だが決定的な答えがある。では、なぜ私は――人間一般ではなく私は――道徳的でなければならないか、という問いはどうか。一つの答えはこうである。道徳的になるか否かを自由に選択できる私は、すでに二人称化された私であり、他者から見た他者なのであるから、人間一般が道徳的であるべき理由と同じ理由のもとで、道徳的であるべきだ。

この答えは、私もまた社会的存在であるから他者のことを考慮すべきだ、といった答えとは微妙に異なる。私が私を自由と見なす以上、私が他者から道徳性を求められる主体（他者から見た他者）であることを私はすでに知っており、だからこそ私は私を自由と見なしえた、という点こそが重要である。この点をおさえたあとでなら、「私が道徳的であるべきことは知っているが、しかし、道徳的判断を他の価値判断よりつねに優先すべき理由はない」と考えることはできるし、そのようなことは私以外の他者にもできる。それは公然の秘密にすぎない。

先述の問いへのもう一つの答えは、より複雑なものである。「なぜ私は道徳的でなければならないか」という表現で問われているのは、この、内側のない、まったく一般性をもたない存在である私がなぜ道徳的であるべきか、ということであり、それゆえ、人間一般が道徳的でなければならない理由は答えにならない――。先述の問いがこの次元で問われたとき、われわれは以下の通り、分岐問題とふたたび向き合うことになる。

内側のないものとしての私は、ある時間のある場所の身体を中心に、すべてをあからさまにして「立ち現われ」ている。(147) 心の隠された面などは、そこにない。「私の心のすべてを私が知っているわ

(147) 大森荘蔵［1976］.

けではない」と言えるのは、私を二人称化し、私の言動・思考の系列に合理的な解釈を与えようとするときである。すなわち、自由な私——他者から見た他者としての私——がなぜあんなことをしたのかが私には分からず、その理由は私にも隠された私の内側——無意識・分割された自我・そして脳——にある、と考えたときのように。だが、私のそのような二人称化を経ず、「立ち現われ」るものをただ眺める限り、すべてはありのままにある。

こうした私の内側のなさは、現実性、そして現在性——今であること——と重なる。現実における現在はすべてありのままにあり、その背後には何もない。分岐問題をやり過ごすために、選択の「起点」を隠す場所はない。われわれはここに、時間分岐図上への主体の定位と、現実の現在の形而上学的な定位（↓第三章第6節）の違いを読み取ることができる。他者＝主体＝自由が時間の影だとすれば、私＝現実＝現在は時間の核である。前者は後者によって開かれた時間分岐図への寄生物——しかもその場所はけっして定まらない——であるが、その寄生物の力がなければ、私は自由な主体にはなれない。

内側のないものとしての私が、可能性の時間分岐において特定の方向に進むべき理由があるだろうか。現実における現在をその私と重ね見るとき、道徳的理由であれ他の理由であれ、未来選択の理由はない。「なぜ私は道徳的でなければならないか」という問いが、内側のない私の次元にて受け止められたとき、その意味での私は無自由であって、選択肢を自分で「選ぶ」ことはない。この現実の歴史における私が道徳的な人間であったなら私は道徳的であろうし、不道徳な人間であったなら私は不道徳であろう。第一章で見たように、それは偶然に定まるか、単線的決定論のもとで定まるかのいずれかであり、法則的決定論の正否も多世界説の正否も、この結論を変えることはない。まったく当然のことながら、この次元における私が道徳的であるべき理由など存在しえない。もちろん、不道徳であってよい理由もない。その私はもう「主体」ではなく、自由と不自由の埒外にいる。それは、道徳への自由も不道徳への自由ももたず、そしてより正確に言えば、道徳への不自由や不道徳への不自由ももたない。内側がないとはそういうことであり、自由とは他者のことであるとの先述の表現は、このことを逆向きに言い換えたものである。

おもに一九九〇年代後半、日本のマスメディアにおいて、「なぜ人を殺してはならないか」という問いが繰り返し取り上げられたことがあった。背景にあった文脈は、大人が子どもにその理由をどう説明するか(すべきか)というものである。議論の抽象度が上がるにつれ、「なぜ人を殺してはならないか」の問いは「なぜ悪いことをしてはならないか」の問いに一般化されていくのだが、本節からも明らかな通り、そうした一般化は危険なものだ。この二つの問いは別の問いであり、前者はむしろ、後者を問わない次元において初めて意味をもつことができる。

「なぜ人を殺してはならないか」という子どもの問いかけに答える大人は、なぜ殺人は社会的に悪なのか——悪と見なされているか——を説明するだけで、まずは十分だと言える。子どもがさらに、殺人を含めた悪事一般に関して「なぜ悪いことをしてはならないか」と問うなら、そこでいったん、殺人についての個別的議論は打ち切らねばならない。そしてむしろ悪事一般への問いがその子どもにとっての本当の問いならば、説明を求められた大人は、なぜ殺人の例を出したのかを子どもに尋ねるべきである。

もし子どもが、殺人という具体例には興味がなく、たんに「なぜ悪いことをしてはならないか」を聞いているのなら、その答えは本節ですでに述べた通りだ。ある子どもが、自分は悪いことをすることもしないこともできると考えて、その意味で当人を「自由」と見なしているなら、その子どもは「なぜ悪いことをしてはならないか」という問いを実践的には問わないはずである。実践的な問いとなりうるのは、ある特定の行為が悪か否かであり、そして、ある観点における悪と別の観点における悪（たとえば公共的な損害と私的な損害）のどちらを避けるべきかである。この領域を超えて「なぜ悪いことをしてはならないか」と問うのは、なぜ私は私を自由と見なさねばならないのかを問うことであり、そこに答えるべき答えはない。仮に「答え」があったとして、その「答え」をもとに――つまりその答えに含まれる何らかの「良さ」を意図して――私が私を自由と見なしたり見なさなかったりできるというのはナンセンスである。そのようなことができるなら、その人物ははじめから自由（他者から見た他者）であろう。

「なぜ人を殺してはならないか」という問いにおいては、殺人という具体例こそが重要であり、そこでの個別的な問題提起は、悪いことをしてはならないという一般原則の共有を前提する。悪事の一般的な忌避をふまえたうえで、ことさら、なぜ殺人は避けるべきなのかと問うなら、大人は子どもに殺人ならではの悪を語るだろう。その説明はどこかで限界を迎えるかもしれないが、それは道徳一般の無根拠さとはまた区別されるべきものである。悪いことをしてはならないという一般的了解のもとで殺人の個別的悪を論じるのでなければ、「なぜ人を殺してはならないか」という問いには意味がない。そうした一般的了解がないならば、殺人の例は非本質的なかたちで、人々の感情を刺激する役目しか果たしていない。

5 擬人化される脳

無自由な世界に置かれた私は、いわば究極の客体であり、ストローソンの言う客体よりもさらに純粋な客体である。人々はもはやそれに対して反応的態度をとることはもちろん、客体への態度をとることもできない（客体への態度をとることによって操作しうる対象がそこにはない）。他方、ストローソン的な客体は、それが自由を担うことはなくとも、外部の自由の担い手によって操作されうる（処置や管理）。そして事実上、ストローソン的客体はわれわれ自由の担い手にとっての客体である。つまり、客体への態度は自由／不自由の対のもとでこそ可能になり、幼児のような客体は、外部の自由との対比のもとで不自由と見なされるのだが、その「外部」にいるのはわれわれ――客体への態度をとる側の者――なのである。

本書ではこれに似た構図を第二章ですでに見ていた。火星人がわれわれの脳の中に意思決定の装置を埋め込んでいたら、という事例。火星人は「自らは支配されることなく、われわれを支配しなければならない」（本書85頁）。たとえば、その装置を火星人が自らの自由のもとで操作するように。「火星人がもし自由であるなら、そして火星人が自由であることの意味をわれわれが理解できるとするなら、それによって支配されるというかたちで人間の自由は脅かされうる。だがわれわれの問題は、それすなわち自由そのものの不明瞭さにあった。火星人の自由がわれわれの自由の代替物でしかないのなら、問題は先送りされたにすぎない」（本書86頁）。

先の幼児を不自由と見なしうるのは、幼児からすれば超越的な位置にいる自由の担い手――すなわち大人――である。幼児を客体と見なすおもな理由はその知的能力の低さであろうが、幼児は知的能力の低さのみによって「不自由」なのではないし、幼児と対比された大人も、幼児にはない知的能力をもっていることのみによって「自由」なのではない。幼児と大人を対比するとき、われわれは自らを大人の側に重ねて上記の事例を理解するが、そのとき大人の側には知的能力だけでなく、われわれの自由――それが何かは不明瞭なまま――が与えられている。この付与が、幼児にできないことが「できる」大人を、幼児にはない「自由」をもった大人として理解させるとともに、その「自由」との対比のもとで、幼児を「不自由」と見なすことを可能にする。

火星人の例と類比的に言えば、われわれはこのときその大人を「擬人化」しているのだが、そのことの意味は、あのチェス・プログラムの例で考えたほうが明らかだろう。二つのプログラムのうち、AはBにない能力をもっており、Bにはできないことができる。だが、AはBより「自由」だろうか。AがBより「自由」に見えるのは、両者の挙動をわれわれの自由のもとで見たときであり、すなわちAを擬人化したときである。

これはもちろん、通常の意味での擬人化ではない。つまり、人間がもっているある具体的能力を、人間以外の対象に与える種類の擬人化ではない。火星人やプログラムを擬人化するとき、われわれは自由とは何かを理解したうえでその「能力」をそれらに与えるのではなく、自由とは何かが分からないままに——分からないからこそ分岐問題との衝突も気にせずに——火星人やプログラムに自由を与える。重要なのは、この意味付与をなす視点の位置であり、火星人の事例ではその視点は火星人の世界の内部に、プログラムの事例ではその視点はプログラムの世界の外部にある。

火星人の事例が超越論的なのは、視点のこの位置による。われわれ人間は火星人の自由に支配されることによって「本当は不自由」なものとなるのだが、しかし火星人の超越的な自由とは何なのかはけっして説明されず、われわれはただ、われわれの自由を火星人に譲り渡すことで、超越論的に不自由な存在となる。同じことをこう表現してもよいだろう。主体とは何かを問わないまま、火星人こそを真の主体とすることで、人類全体は客体になりうると。

以上がたんなる抽象論ではなく、日々の生活に直結していることを、今世紀のわれわれは知るだろう。脳神経科学の今日の発展は、二十一世紀が脳の擬人化の時代となることを予見させる。たとえば強迫性障害（OCD: Obsessive Compulsive Disorder）の患者による強迫的行為——不合理と知りつつ手を洗い続ける等々——は当人ではなく「脳がさせている」のだ、といった種類の認識が、あらゆる人間のさまざまな行為に拡張される時代が来ることを。脳が「させる」側のものとして、すなわち操作の主体として擬人化されることで、その支配下にあるすべての人間は「本当は不自由な存在」と見なされる。ここには概念的混乱が――脳と人間が別の主体かのような――あり、分岐問題も回避されたままだが、それでもこの擬人化は進行し続けるに違いない（潜在的な心理過程も脳過程に還元されていくことで、上記の傾向はさらに強まるだろう）。

重要なのは、そのような脳‐人間関係の理解が――先述の火星人やプログラムの事例と同じように――自由とは何なのかの解明を保留したまま進行する点である。脳は、われわれを不自由にさせる主体としてのみ、擬人的に自由の側に位置できる。つまり、人間は自らの自由をそれが何なのか不明確なままに脳に比喩的に譲渡することにより「不自由」な存在となるが、この構図はどこまでも、われわれ人間の側から意味を与えられたものだ。脳がわれわれに何かを「させる」ことができるのは、脳を自由の主体として擬人化しうる限りにおいてのことであり、その擬人化が終わるとき、「させる／される」という観点もまた消える。人間が自らを完全に不自由と見なし、脳に比喩的に譲渡しうる自由がその概念的源泉において枯渇した際には、もはや脳が「させる」側にあることの意味を理解することもできない。

人々が今日、脳操作による社会改善に種々の倫理的躊躇を抱いているのは、人々がまだ自らを「本当は不自由」とは信じていないからだ。すなわち、医学的な脳への手技や、その手技の倫理的許可といった行為について、それらを行なうか否かの自由を、人間が手にしていると信じているからだ（そうした行為もまた医師や政治家などの脳活動の産物であることは無視して）。犯罪者や神経症患者らの脳に医学的に働きかけることでより良い社会を実現しうる、といったたぐいの知見は、そのような脳操作を自由になしうる主体がどこかにいてこそ価値をもつのであり、とりわけ人間をそのような主体と見なしうる限りにおいて、価値をもつ。あらゆる人間が「本当は不自由」であるなら、操作の主体はもはや存在せず、脳もまた「させる」ものでも「される」ものでもなくなる。人間や脳やその他のあらゆる事物は無自由な――不自由ではなく――存在となり、単線的決定論か偶然だけが世界の実像を描くものとなる。

つまるところ、脳の擬人化とは本質的に、不自由から無自由への世界認識の過渡期にのみ成立するものだ。おそらく人類は恒常的に世界認識のこの過渡期に留まるだろうが、しかし科学と哲学の発展は、分岐問題との対峙を繰り返すことで、人類を日々わずかずつでも無自由の側へ近づけていくに違いない。それは、人間が徐々に人間ではない存在に――良くも悪くも、いまわれわれが知っている人間とはまるで違った生物に――近づいていく過程でもある。(148)

(148) この過程の先には、たとえば、大多数の人間が無自由な世界に生まれ育ち、そのことを強く自覚している社会がある。その社会では、教育・裁判・口論においても、「ほかの行為も選べたのに、ある行為をしたことが、悪い(良い)」といったジャッジはなされない。その社会におけるある行為について、それが自由な行為か否か、あるいは道徳的責任を負うものか否かをジャッジする場合、この現実社会での直観のもとでいいわれわれがそのジャッジを行なう場合と、まさにその想定された社会での直観のもとでその社会の住人がジャッジを行なう場合とでは、大きな違いがあるだろう。たとえば、その社会の住人は、ある行為のジャッジをする際、そのジャッジの結果が決まっていることを考慮に入れつつジャッジを行なうが――こうした点こ

6　フランクファート・ケース再考

これまでの議論に関連して、第二章第6節で見たフランクファート・ケースへの私見に追記しておこう。以下、「Dx」は任意の行為Xへの決意（decision）を、「Mx」は行為Xを決意しようとすること（is about to make up one's mind）を指し、さらに「A」は他行為可能性を奪われた行為――潜在的な操作によって――を、「¬A」はAと排他的関係に立つ行為を指す。

フランクファート・ケースでは、「有責な行為は他行為可能性をもつ」との原理（PAP）と、自らのDxによる行為を有責と判断することとの衝突が示されるが、通例に反して、前者ではなく後者を疑問視することは可能である（とりわけ決意への操作的介入が日常茶飯事である世界においては[149]）。この見解は非常識に聞こえるかもしれないが、フランクファート・ケースを実現しうる知見は現実にはまったく不足しており、そのようなケースについてわれわれが今どんな直観をもつかは、後述の意味で、決定的ではない。

フランクファート・ケースのための「知見の不足」とは、他者のMxの検知や、他者へのDxの強制にまつわる実際的な技術の不足だけでなく、MxやDxとは何なのかという原理的な知識の不足に関わっており、そして後者こそがいまは本質的である。フランクファート・ケースにおいて操作的介入を受けえたM¬aは、¬A実現の必要条件であることが求められる（ただし必要十分条件ではない）。だからこそ、操作者はM¬aに対してのみ介入を行なえば、¬Aが実現する可能性を全廃できた。他方、Maについては解釈の余地があるが、もしMaの検知によって介入の必要がな

そが重要であるが——それがどのようなことなのか、われわれにはきわめて想像がしがたい。それゆえ、Nahmias *et al.* [2005] やそれに類する実験哲学的調査において、この現実社会に育った被験者——とくに哲学の素人（layperson）——に対し、ある種の決定論的世界の思考実験を提示して自由意志や有責性への直観を尋ねても（*ibid.*, p. 566, p. 570）、その想定の世界で育った人々がどのような直観をもつかを、正確に知ることは難しい。思考実験はもちろん無益ではないが、現実世界から仮想世界への価値判断の移植には十分注意しなければならない。

(149) 前注でのNahmias *et al.* [2005] への指摘と、同型の指摘をここでも行なっておこう。「決意への操作的介入が日常茶飯事である世界」の住人は、すべての人物の意思決定がしばしば操作されていることをよく知っており、自分のある決意が操作によるものなのか否か、内観からはけっして分からないことも知っている。このような世界での「決意」にどれだけの責任論的価値が認められるのかを、現実世界での直観をもとにわれわれが即断することはできず、後述の通り、そもそもDxやMxは現実世界で言われる「決意」や「決意しようとすること」とじつは別のものである。その仮想世界の住人は、ある行為実現の前にその十分条件や必要条件としての現象（DxやMx）が存在することを身をもって知っており、それゆえ、この現実世界であれば「自分自身の決意」と呼ばれるであろう心理現象（それは十分条件でも必要条件でもない）に、責任論的な高い価値を認めるとは限らない。ところで、上述の頻繁な操作的介入が、人格性をもった存在——他人や火星人や神——によってではなく、人格性をもたない存在——もしくは人格性をもつか否か判定不可能な存在——によってなされている場合、いま述べた疑念はより強まるおそれがある。たとえば、小説『ソラリス』（レム [2004]）の「海」のような存在によって介入がなされる場合など。この論点は「擬人化」についての先述の議論と関連している。

くなるならば、MaはA実現の十分条件であると言ってよい。

正確さのために補足すると、操作者がMaではなくDaの検知によって介入をやめるならばMaの検知は不要となる[150]。しかし、介入をやめる手がかりをDaとするにせよMaとするにせよ、もしたんに、それを検知したなら介入をやめるというだけの条件下では、特定の時間までに必ずAを実現させることはできないだろう（行為者はM¬aもDaもMaもなさぬまま天寿を全うするかもしれない）。特定時間までに必ずAを実現させるには、その時間までにM¬aを検知した場合だけでなく、その時間までにDaもしくはMaを検知しなかった場合にも介入を行なう必要があるが、この場合におけるDaもしくはMaは、A実現の十分条件でなければならない。またこの点に加え、介入によってDaを付与された行為者は必ずAをなすと考えるなら、DaはやはりA実現の十分条件となっている。

D・ウィダカーの論文（一九九五年）では、介入をするきっかけとして「決意の兆候（sign）」が要請されているが、この「兆候」もM¬aと同様、¬A実現の必要条件である[151]。一つの自然な理解として、この「兆候」は何らかの身体現象（たとえば赤面）であると考えられるが、それ自体がM¬aである必然性はなく、それはたとえば、何らかの心理現象であるM¬aの行動主義的な表出でありうる。同論にてウィダカーは、「兆候」とそれに対応する行為実現との関係をめぐるジレンマを指摘した[152]。もし前者が後者を因果的に決定するなら、フランクファートの議論（一九六九年）は非両立的責任論に対して論点先取となり、前者が後者の蓋然性を高めるだけなら、「兆候」が生じたあとでも他行為可能性は残る、というのがその趣旨である。二つ前の段落における「必要十分条件ではない」との記述は、このジレンマにおける因果的決定性のなさを、因果についての言及抜きで述べ直したものである（ジレンマ形成にとって重要なのは、¬Aの必要条件であるM¬aが実現した場合でも、M¬aは¬Aの十分条件ではないとすることで、¬Aの非決定性を守ることである）。

ここで改めて考えたいのは、MxとDxが謎めいた性格をもつことだ。それらは明らかに、日常表現としての「決意しようとすること」や「決意」と異なった性格をもつ。われわれは、何らかの行為の必要条件としてのMxや、あるいは十分条件としてのDx（およびMx）にあたるものなど知らず、その存在論的な成立基盤も知らない。分岐問題への第一章での考察もちょうどこの点に関わ

(150) つまり思考実験の提示にてMaを省くことができる。しかし、M¬aとMaの対称性を崩す点において、これには問題があるだろう。というのも、D¬aに関しては必ずM¬aが先行するのに対し、Aの実行に関しては、Maを無視していきなりDaのみが検討の対象となってしまうからだ。M¬aとMaが同種の心理現象であるなら、この非対称性は奇妙である。

(151) Widerker [1995] ではさらに、介入をしないきっかけとしての「兆候」にも言及しているが、MaやDaについて先述したのと同様、そちらの「兆候」はA実現の十分条件と見なせる。

(152) これと同種のジレンマはKane [1996], pp. 142-143等でも指摘されており、それらは以後のいくつかの論考でKane-Widerker dilemmaと総称されている。なおMele & Robb [1998] では、このジレンマを回避しうるとの名目のもとでフランクファート・ケースの新たなバリエーションが示されているが、そのバリエーションについても本節での批判の中心部分——MxおよびDxの検討とそれにまつわる概念変化への批判——は有効である。

っており、ある何らかの出来事が、その後の特定の出来事の十分条件（または必要条件）になっているという状況を、決定論を採ることなしに——つまりジレンマの一角に触れずに——確保することは難しい。

Dxに関しては、それが分岐問題に関わることは明らかだ（厳密に言えば、歴史集合についての分岐問題に関して）[153]。Dxの実現は、その後の歴史の可能性選択に決定的な影響を与えており、もし世界が決定論的でないなら、Dxの時間的定位は困難である。Mxに関しても、その十分条件としての性格（A実現に対してMaがもつような）を考慮するならDxと同様の困難が生じるし、必要条件としての性格（¬A実現に対してM¬aがもつような）を考慮した場合にも、結局同様の問題が生じる。なぜならMxがXの必要条件であるとき、¬Mxは¬Xの十分条件であるから、現実の歴史における¬Mxの有無は、その後の歴史における可能性選択（Xを含む歴史と¬Xを含む歴史との排他的選択）に決定的な影響を与えるからだ。

フランクファート・ケースとは、MxやDxという未知なる存在を仮定したうえで初めて成り立つ想定であり、それゆえ、「行為者自身の決意による行為を有責と判断する」われわれの日常的直観を、フランクファート・ケースにそのまま持ち込むことは許されない。MxやDxを「決意しようとすること」や「決意」として表現するとき、それらの表現の意味するところは日常から大きくかけ離れており、その概念上の連関も深刻な変化を被っているからだ[154]。

もちろん私は、たんに思考実験であるという理由によってフランクファート・ケースを批判しているのではない。問題は、概念連関そのものが激変しうる思考実験上の世界に、この現実世界の概念連関を――そして何より、それに依拠した直観的な価値判断（有責性判断）を――ただちに持ち込むことの危険性である。ロックによる次の思考実験のケースは、そうした危険が少ない点でフランクファート・ケースと異なっている。そのケースでは、ある男が自らの意志である部屋に留まっている――その部屋に憧《あこが》れの人物がいたので――のだが、その男がもし部屋から出ようとしていたとしても、部屋から出ることは不可能であった。なぜなら、その男は部屋に閉じ込められていたからだ。(155)

　ロックは、この男は自発的（voluntary）に部屋に留まったと述べているが、この判断は多くの人

(153) 出来事Aの実現が、その後の出来事Bの実現の十分条件である場合、分岐問題の構図においては次のように言える。Aの存在は、Bを含む可能的歴史の集合と、Bを含まない可能的歴史の集合のうち、前者の選択を要求する――だがそのAはどこに位置するのか――と。他方、個別的な可能的歴史については、Aの存在がある個別の歴史のみの選択を要求するということは考えがたい（ある瞬間の宇宙全体をAと見なし、古典力学的な描像を採るならそうした要求もありうるが、これは明らかに通常の「出来事」理解を逸脱している）。

(154) 操作的介入がもし頻繁であったら、というさきほどの想定は、MxやDxが非日常的な想定物であることを強調するための挿話であり、その非日常性を十分理解したあとでなら、「頻繁であったら」との想定は忘れてもかまわない。ただし、この想定はそれ自体として掘り下げる価値をもっている。

(155) Locke [1905]（初版 1690), B. 2, ch. 21, sec. 10.

の常識的直観にも合うものだろう。さて仮に、この自発性を何らかの有責性に置換した場合、私はロックのケースに対して、フランクファート・ケースに対するのと同様の疑念を述べることはしない。ロックのケースでは、有責性判断の重要な根拠を、部屋に留まった男の他意志可能性や、他行為可能性——部屋から出ようと試みる（たとえばドアのノブを引く）可能性——に堂々と求めることができるし、MxやDxについての非日常的な意味理解を強いられることもない。すなわち、ここでの有責性判断は現実世界でのそれと連続性をもっており[156]、フランクファート・ケースにおけるような、原理（PAP）との深刻な衝突も起こさない。

7　自由とは何だったか

本章の議論が大筋において正しいとすれば、細部はどのように埋められるのか。その作業は、自由という概念をはじめからアマルガム（合金）としたうえで進められるだろう。自由のさまざまな成分は——いまから確認するように、それらの成分には人称性が伴う——そのどれか一つに目を向けたとき、自由と似ても似つかないものに見える。だが、それらの成分と別に自由の本体があるわけではない。

不十分なものであることは承知で、アマルガムとしての自由を図式化してみよう。図5の三角形（198頁）の各頂点は、三種の人称のそれぞれに対応する。われわれが「自由」と呼ぶものは、各頂点から提供された諸成分のアマルガムであり、逆に言えば、ある単一の頂点のみから捉えられるものではない。ここに「自由」の豊潤さがある反面、不安定な合金としての脆《もろ》さがある。というのも、各人称の純粋な中立点にわれわれが立つことはできず、それゆえ、われわれは随時この三角形内のどこか一点を――その時々に応じた一点を――「自由」として取り出すほかないからだ（自由とは何かという問いに対し、衆目の一致する回答がないのはそのためだろう）。

本章における自由意志の議論は、〈不可視〉の他我を源泉としていた。すなわち、求められたのは諸可能性選択の〈起点〉であり、そしてその起点の時間的な不可視性だ。分岐問題における起点の時間的定位の困難が、私自身の決断の場合のようにあからさまでないこと、それゆえに生じた

(156) これと類比的な事例として、たとえば次のものを挙げよう。自動車のドライバーが右折をしようとして右折をしたが、知らないうちにハンドルが壊れており、じつは左折はできなかったという事例（成田[2004], p. 64)。この場合にも、ドライバーが右折をしたことの有責性は、左折をしようと試みなかった――たとえばハンドルを左に切ろうとしなかった――ことに求めることができ、現実の交通事故などにおいても、そのことは十分考慮に値する。つまり、そこでは他行為可能性が有責性判断に関与できる。おそらく、ハンドルの故障よりもブレーキの故障の事例のほうが、いま述べた点をより明確にするだろう。すなわち、あるドライバーが停車をせずに直進をしたため事故を起こしてしまったのだが、知らないうちにブレーキが壊れており、踏んでいても停車はできなかったという事例。このとき、そのドライバーが直進したことの有責性を判断するうえで、ブレーキを踏まなかったこと――その他行為可能性があったのに――は明らかに重要な意味をもつ。

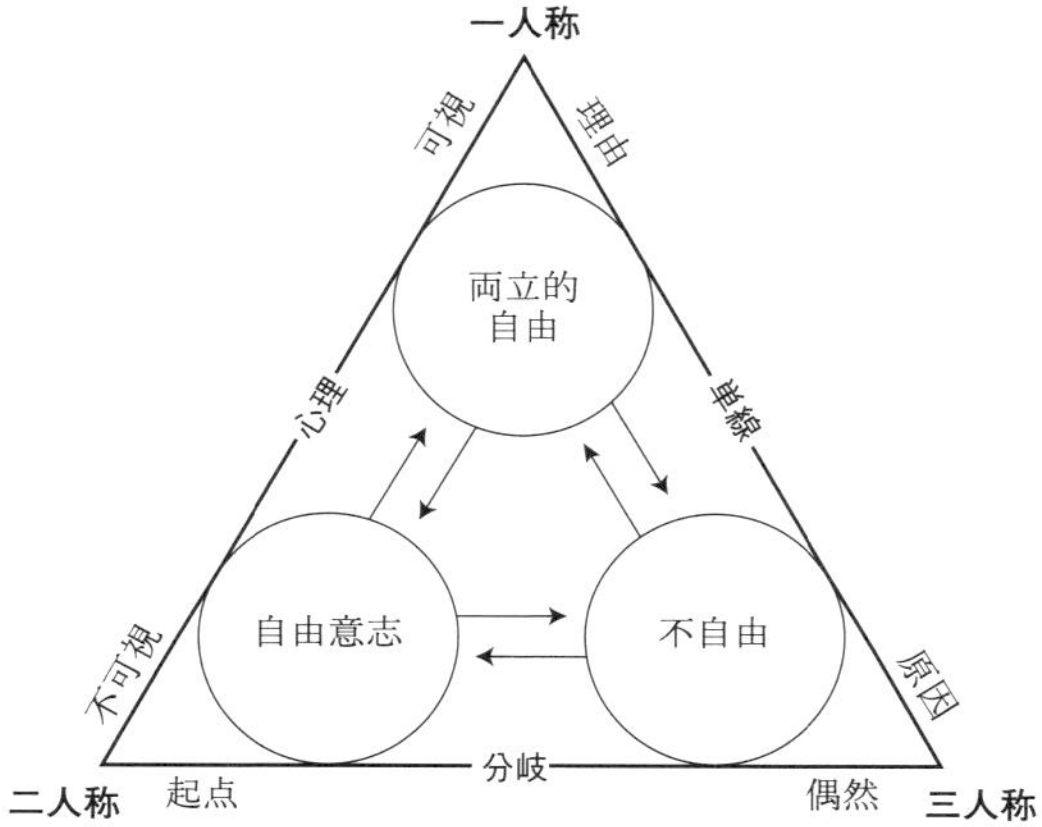

図5

「偶然と必然の中間地帯」に規範的主体を置く余地があること[157]、ここに自由の他者性がある。「非存在が不可視であることはもちろん、存在が可視であることとまったく違う。にもかかわらず、われわれはこの非論理的な置き換え［……］を生きているのではないか」（本書165頁）。本章第3節にて私は、ここで問われている「置き換えの生」を反応的態度の実践に紐づけた。

他方、三人称的観点――後述の通り、特定人物の目から見たのではない客観的観点――において「偶然と必然の中間地帯」は消える。分岐問題への応答は、偶然と必然のいずれかに帰着し、より正確に言えば、一回ごとの生成における無要因としての偶然か、単線的決定論のいずれかに帰着する。第一章第6節で見た通り、因果的決定論は（広義の）単線的決定論の一部にすぎないが、行為の決定性が具体的な知見――行為の説明や予期にまつわる――としてわれわれに与えられる際には、因果的知見のかたちをとる。こうして三人称の頂点からは〈偶然〉と〈原因〉が提供される。

いま見た「三人称」との表現は、文法的なそれを意味するものでも、「彼」「彼女」自身を意味するものでもなく、非一人称的・非二人称的な「観点」の形容として使用されている。観点としての「三人称」は文芸批評等でよく言及されるが、そこには多義性も認められるため、いまは簡明に次の用法をとろう。本節で言う「三人称的観点」とは、唯物論的な客観的観点のことを指し、それゆえ——ある種の「三人称小説」とは異なり——だれかの「内面」が見通されることもない（もし、この用法が受けいれがたい場合は、「三人称的観点」の代わりに「脱人称的観点」との表現を提案する）。

三人称的観点から因果的に解される時間単線性は、一人称的観点からは〈理由〉と行為との一貫性として解される。すなわち単線性の説明項が、物理的「原因」から心理的「理由」へと求められていく。したいことを妨げられずにすること——両立的自由の基礎——は、〈可視〉的な意図・欲求・計画等からそれらに応じた行為実現への接続によって果たされるが、そこでは、諸可能性の選択ではなく、単線的歴史が合理性をもった物語となっていることが肝要である。「この描像下での意思決定とは、私的な予言のようなものだ。［……］現在の状況——思考や想起の内容を含む——から過去の状況を言い当てることが不思議でないように、現在の状況から未来の状況を言い当てる

（157）青山［2010］, p. 100.

ことも不思議ではない。とりわけ自分がこれから何をするかについては、現在の身体状態や意識状態を——意図・欲求・計画等に関する——私的な情報源とすることで、高精度の「予言」が可能だろう」（本書55頁）。

身体運動の感覚や、記憶や予期、そして効用や価値についての合理性を伴ったさまざまな内語（諸選択肢についての考慮）。こうした一人称的体験は、個々を見ればどれも平凡であり、自由の中核を担うものとは言えない。それらはせいぜい、私の自由感を支えるものに映る（→第二章第2節）。しかし、こうした平凡な要素があってこそ、他我の不可視性はその価値を増す。見えない他者の内部にもこの種の自由感が生じているのでなければ（そのようなものとして、私が他者を「私」化するのでなければ）、自由な他者の承認は過度の抽象化の負荷を負わされるからだ。私を叩いた他者への態度は、その他者の内面に何を読み込むかによって——私なら自由を「感じる」ような体験があったか否かによって——主体に向かうものにもなるし、客体に向かうものにもなる。そこには、あらゆる文学作品や六法全書においても網羅しつくせない、多様な反応的態度の源がある。

さきほどの図に記された円——両立的自由・自由意志・不自由——は三角形の内部におけるアマルガムとしての自由の「現われ」である。二つの点をさしあたり、述べておく必要があるだろう。それぞれの円の置かれた位置は「現われ」の主要な源泉の位置であり、しかしながら、その「現われ」の影響は三角形内の他の位置にも及ぶ（その影響関係の主たるものが、図に矢印として記されている）。また、「不自由」は無自由と異なり、何らかの自由の否定であって——本章第1節で見たように――それは自由の類縁として理解されるべきものである（だからこそ不自由は三角形の中にあり、無自由はそうではありえない[158]）。

図において、両立的自由が一人称の側に寄り、自由意志が二人称の側に寄っている点は、意外に思われるかもしれない。だが、これまでの議論が妥当であれば、二人称化された両立的自由と一人称化された自由意志は、二つの源泉がお互いに影響を受け合ったのちの産物である。他者は「私」化されることで、可視的な〈理由〉形成を伴う両立的自由の主体と見なされ、「私」は他者化されることで、不可視な〈起点〉性を伴う自由意志の主体と見なされる（↓本章第3節）。ここで興味深いのは――後述の通り――他者の「私」化においては時間の単線性が、「私」の他者化においては時間の分岐性が、間接的影響を及ぼしていることだ。

三人称の側にある「不自由」は、二重の意味合いをもっている。つまり、〈理由〉と〈原因〉の均衡としての不自由と、〈起点〉と〈偶然〉の均衡としての不自由である。本書ではこの二重の意味合いを、前者については時間単線性のもとで、後者については時間分岐性のもとで、何度も考察してきた。三角形の右斜辺と底辺における、これらの均衡を無視するなら、単線性も分岐性もそれ自体としては「不」自由ではない。すなわち不自由は、両立的自由か自由意志を脅かすものとなっ

(158) 本書の元になった博士学位論文の副査である入不二基義教授は、無自由もまた自由の「三角形」内部と何らかの関係をもつのではないか――「三角形」にはいわば開口部があるのではないか――との講評を、「様相のつぶれ」の示唆とともに公聴会で述べた。今後の検討の資源として、本注にその旨を記載する。

たとき、真に、「不自由」と呼ばれるに値する。そしてまた、両立的自由と自由意志の側も、三人称の側から脅かされることによって――つまり、ある不自由の再否定として――「自由」の呼称を堅固なものとしていく。時間が様相的分岐を含むか否か、つまり、偶然が実在するか否かが未解決の謎である以上（→第二章第4節）、右斜辺と底辺における均衡のいずれかが消えることはない。

三つの「現われ」の影響関係は、どの「現われ」を仮の出発点としても追っていくことが可能だが、唯一の真の出発点はない。三角形の内部では、時計回りの影響の輪と、反時計回りの影響の輪が、つねに回り続けていると考えてよい。そのうえでなお、一つの描像の明確化のために三人称の側を仮の出発点とするなら、次のように言うことができるだろう。不自由から反時計回りには単線にまつわる動きが生じ、他者の「私」化――両立的自由の二人称化――が促される。他方、不自由から時計回りには、分岐にまつわる動きが生じ、「私」の他者化――自由意志の一人称化――が促される。同心円状のこれらの動きが、社会の倫理化に果たす役割の一端を、本章第3節・第4節では見た。

上記のようなアマルガムの図式には、改良の余地が大いにあるだろう。だが、本書全体の論旨にとっては、そうした改良に取り掛かる前に、次の点を確実におさえねばならない。自由とは、各所の成分が不均一なアマルガムの総体であって、自由の成分比率として唯一正しいものはない。そして、その総体としての自由は、不自由と相反するものでなく――むしろ不自由はその一部である――無自由と相反するものであり、世界が無自由であることは、アマルガム全体の無化を意味する。

つまり、われわれが自由であるとは、あの三角形全体の内部を動き続けることであり、そのどこか特定の一点を――たとえば両立的自由と自由意志のいずれかを――自由として固守することではない。

人間の経験がいずれかの人称的観点のみに固定されていたなら――あるいは人称的に純粋な中立点というものがあったなら――自由意志論はこれほどの難問とはなりえず、そもそも自由意志なる形而上学的概念も不要だっただろう。しかし人間の経験は、三つの人称的世界を出入りする形態をとっており、そうした出入りをし続ける人々だけが「正常」な人間――反応的態度の実践者――と見なされる。ここでの「正常」な人間とは、自由な人間と同義であるが、これは彼らの知的能力の高さが自由をもたらすということではない。むしろ「正常」な人々に共通している知的限界が――特定の人称的観点のみを徹底することができない――彼らを無自由の世界ではなく、自由の世界の住人にする。

いま見てきた人称的中立点のなさを、語りのうえでの中立点のなさとして、あっさりと片づけることはできない。第一に、三角形の内部を動き続けることは、三角形の内部に敷居を設けて各所を語り分けることではない。むしろ、後者にない動性が、前者の本質的な点である。第二に、これ自体が論争含みではあるが、語られる以前の世界の在り様に人称的中立点はすでにない（他我問題や心身問題の故郷）。それゆえ、社会的文脈における両立的自由と、形而上学的文脈における自由意志に関して、それぞれ異なる人称的観点からの語りに徹すれば済む、といった二枚舌の解決で満足することはできない[159]。

8 悟りと欺き

T・ホンデリックは一九九三年の著書で、両立的自由論と非両立的自由論のいずれもが袋小路に行き着くと論じた。決定論が真である可能性を前にして、両立的自由のみが自由の意味であると言い張るのは〈頑強 intransigence〉であり、非両立的自由（原初性――本書で言う「起点性」――をもった自由）のみが自由の意味であると言うのは〈狼狽 dismay〉であるが、いずれの道も誤りだとホンデリックは述べる。なぜなら、「自由」やそれに関連した多くの言葉は多義的であり、「われわれは、選択が自由とみなされる場合に真でなければならない事柄について、単一の確定的な観念をもってはいない」からだ[160]。「すなわち、われわれはそれらの言葉を、二通りの仕方で、つまり、ある時は自発的な選択・行為を示すために、またある時は自発的でかつ原初的に作られた選択・行為を示すためにもちいることができるのである[161]」。

本書序文での注の通り、ここでの〈自発的 voluntary〉とは「事前に意志したことをする」との意味であり、諸可能性の新たな選択としての原初性（起点性）を意味しない。ホンデリックは道徳的責任についても、上と同じ理由から次のように述べる。「両立論者は、決定論は道徳的責任をすこしも傷つけないと述べ、非両立論者は、決定論は道徳的責任を破壊すると述べる。両方ともまちがっている」[162]。なぜなら、われわれは人間に責任を帰属させる際、「原初的作用のイメージ(このイメージは決定論が真ならば認められない)をいだきつつそうすることがある」が、さらに「自発性のイメージ(このイメージは決定論と完全に整合的である)をいだきつつそうすることがある」からだ[163]。

ホンデリックの以上の指摘に、私はひとまず賛成する。すなわち、ある選択を自由と見なすか否かについての言語使用は多層的——両立論的かつ非両立論的——であり、それに伴う道徳的判断もまた多層的である。それゆえ、ある単一の自由なるものに関して、両立論と非両立論のいずれか一方のみが正しいとは言えない。しかしそうした多層的な自由が、単一の「自由」という語で呼ばれるという事実、そして両立論と非両立論の対立が深刻なものに見えるという事実もまた、自由の理解にとって本質的である。たんに二通りの語り方をするだけでは解消しない問題がここにはある。

(159) 責任論に関しても同様、社会的文脈における両立的責任と、形而上学的文脈における非両立的責任を、たんに語り分けるだけではすまない。なお、私は別稿にて、時制と無時制の対立に関して、同様の「二枚舌」を拒否した(青山[2012a], p. 238)。自由論と時間論の双方における、二枚舌のこの拒否は、明らかに同じ根をもっている。すなわち、分岐問題を核とした本書での考察が正しいなら、自由意志とは時制的自由であり、無時制的世界においては消えざるをえないものだからだ(↓第二章第1節)。

(160) Honderich [1993], p. 112, 邦訳 p. 157.

(161) *Ibid.*

(162) *Ibid.*, p. 113, 邦訳 p. 160.

(163) *Ibid.*

ホンデリック自身、前掲書の結論部においては自由の語り方の峻別に留まらず、彼が〈肯定 affirmation〉と呼ぶ選択肢を、〈頑強〉や〈狼狽〉の代わりに提示した。決定論（ないし準決定論[164]）が真である可能性を考慮し、さらに原初性（起点性）という不明瞭な概念を避けたうえで、ホンデリックは〈肯定〉を次のように描く。「決定論が真である場合にわれわれが実際に所有しうるものだけに適応しようと努めること」、すなわち「われわれの生活のうち、自由意志の幻想に依存しない部分に適応しようと努めること[165]」。こうした〈肯定〉の態度は必ずしも世界を「冷酷なもの」にするわけではなく、むしろ生活に「鎮静や慰安」をもたらしうる、とホンデリックは主張する[166]。

しかし、両立論的態度と非両立論的態度という二種類の態度の存在が十分に認識されている点を除くなら、〈肯定〉は結局、両立論とどう違うのか。これは自然な疑問だろう。〈肯定〉に至った者とは、つまるところ、〈頑強〉な両立論者よりほんの少しだけ賢い——われわれはときに〈狼狽〉もすると知っている点において賢い——両立論者ではないのか。そして、世の多くの両立論者は、ホンデリックが言うほど〈頑強〉ではなく、人間がしばしば非両立論的に自由を語るという事実を十分に知ったうえで——語り方が二通りあることは認めたうえで——なおかつ、自由とは本当は非両立論的なものだ、と述べているのではないだろうか。

そしてこの点をおいてもなお、〈肯定〉という返答には問題がある。「鎮静および慰安ではなくて、むしろ、決定論を真に信じることこそが、〈肯定〉という返答に真に成功することをわれわれに可能ならしめるであろう唯一のものである[167]」とホンデリックは議論を結んでいるが、そのように信じようと「する」ことなどできない——そのような諸可能性の選択などありえない——というのが、この世界が無自由であることの帰結である。そしてまた、三人称的観点からたまたま私が無自由に決定論を信じたとしても、そのことによって二人称の他我が可視化——決定論的なものとして——されることはなく、反応的態度の実践の場へと私はたやすく連れ戻されてしまう(168)。われわれはこのことの意味を、前節までの議論で見てきた。

ある種の悟りと欺きについて述べて、議論を結ぶことにしよう。本章で述べたようなことがらを「知る」とは、いったいどういうことだろうか。それを知ることで、われわれの——あるいは私の——生活に何か変化はあるだろうか。すなわち、自分が無自由な世界の住人であると知ることによ

(164) 準決定論とは、古典物理学で描かれるような、マクロな対象についての決定論である（神経科学的事象も対象となる）。量子力学のミクロな非決定性は、準決定論の成立を許容するとされる。

(165) *Ibid.*, p. 126, 邦訳 p. 170.

(166) *Ibid.*, pp. 130–131, 邦訳 pp. 178–179.

(167) *Ibid.*, p. 131, 邦訳 p. 180.

(168) 非二人称的な観点において両立論的責任をうまく構築できても、二人称的観点における非両立論的責任をすべて消し去ることはできず、後者は反応的態度を介して前者の実践を後押しする。種々の倫理現象に応じて、その後押しには強弱がありえ、たとえば、他者に刑事責任を求める場合と、他者に反省（後悔）を求める場合とでは、人称的観点の混合に違いがあるだろう。そしてその違いに応じて、責任概念についても「棲み分け」がなされうる（→第二章第8節）。

って。

変化はある。それも筆舌に尽くせないほどの変化があることを、散発的で短い時間のなかで、私は個人的に――哲学的議論とは独立に――経験している。しかし、そのような変化を実感するような知り方は、知的には不純なものであり、その知り方に伴う生活の変化も、つかの間しか持続することはない。少なくとも哲学の探究においては、これは望ましいことだろう。というのも、そこで知ったと感じていることは、あたかも一種の悟りのようなものとして利用され、自己欺瞞的な生活をたやすく形成するからだ。

すなわち本章で述べてきたのは、運命の受容の勧めではないし、自由意志をもたない存在として無我の境地に至ることでもない。あるいは、ホンデリックの言う〈肯定〉の態度を、意識的にとろうとすることでもない。そのような広義の「悟り」への意図は、無自由な世界に生きる無自由な私にとって無縁のものであり、本章の議論の精神をその根底において裏切るものである。なぜならそこでは、私は自由ではないと知ることで何らかの救いを得ようとする自由が、まさに私の自由として用いられているからだ（只管打坐《しかんたざ》の一つの隘路《あいろ》）。

この点について、永井均による次のニーチェ解釈は意義深いものである。そこではニーチェの「永遠回帰」思想が、前期ウィトゲンシュタインの語法を借りて理解されている。

これがこのまま何度もあって欲しい――こう願うとき、それはもはや力への意志が願うのではない。充溢した力そのものがおのずと肯定するのである。そのとき世界は永遠回帰するものとなる。つまり、永遠回帰の実在性は、この世界、この人生に対する「ディオニュソス的肯定」の成立と一体化している。［……］だから、それは、本来、語られるようなことがらではないだろう。ただそれを生きている者は、それを語る必要がないだけでなく、そもそもそれを語る視点に立つことができないはずだからである。永遠回帰は、目的なき日々の無意味な繰り返しのうちで、世界と一体になって無邪気に遊ぶ子供の、現在の肯定感そのもののうちに自ずと示されるほかはない。そこには、他である可能性との対比という様相の厚みがない。こうであったなら、とか、こうでありえたかも、という可能性の視点そのものがそもそもない。ただこうである、それだけ、それがすべてなのである。(169)

とはいえ、本書の精神のもとでは、さらにこう問うべきだろう。ここにはもう、「示され」うる運命愛——必然化した偶然への愛——の余地もないのではないか。世界がこのようなものであることを肯定する余地だけでなく、世界が存在すること自体を、その世界がどのようなものかと独立に、肯定する余地もないのではないか。「様相の厚み」の失われた世界は、別様であることができないだけでなく、存在しないこともできないのだとすれば。そのように理解されたとき、世界が存在す

(169)　永井［1998］, pp. 206-207, 省略引用者、強調原文。

ることは恩寵ではなく、ただそれきりの現実となり、真の意味での現実主義者《リアリスト》とはこのことを信じる者を指すだろう（存在驚愕《タウマゼイン》からの目覚め）。

世界の有無についての様相は、時間分岐図上に存在しない。第三章で述べた理由から、「なりうる」と無縁の「ありうる」の理解を、私はここでも拒否したい。永井は別著にてこう述べている。「諸可能性の中から一つを選択して現実化するライプニッツ的な神」ではなく「諸可能性の全体を初めて創造するデカルト的な神」こそが、世界の内容的規定に組み込まれない世界創造をなすことができるが、その創造において神が何をしたのかを――内容的規定に組み込みえない以上――われわれはけっして捉えられない。[170] 私はこれに同意するからこそ、その無時間的な「創造」を、それがなされなかった「可能性」を背景に捉えることもできないと言いたい。

九鬼周造がスピノザやパルメニデスに抗して――あるいは『那《な》先比《せんび》丘経《くきょう》』での弥蘭《みらん》（ミリンダ王）の問いに対して[171]――「原始偶然」をもって答える際、彼はひそやかに、他の世界（他の因果系列）ではなくこの世界（この因果系列）が在ることの偶然性を、無ではなくこの世界が在ることの偶然性に移し替えている。[172] すなわち、「甲でもなく、乙でもなく、丙でもなく、丁でもない離接的否定」[173]としての無を、存在としての無に読み替えることで。

なるほど、九鬼の言う経験的次元から形而上学的次元へと昇るとき、「存在の無限の可能性の充満」[174]たる絶対者（神）を見出すことにより、この世界はその始原において他でもありえたものに見える。だがそれはけっして、世界そのものの「無」がこの世界の「有」に対する他の離接肢となることを意味しない。この世界の「有」の離接肢となるのは他の可能的な世界の「有」であり、「無」をそれらと併置することはできない。九鬼自身の表現を借りれば、「離接的偶然は全体と部分との関係に関する[175]」が、「無」は全体の（「存在の無限の可能性の充満」たる絶対者の）部分ではなく、たとえば水が「液体でなくて固体でも気体でもあり得る[176]」と述べる際の「ない」を、世界そのものの「有」に対する「無」として読むことは許されない。

にもかかわらず、九鬼は『偶然性の問題』結論部において「無」が「有」に離接しうるかのように語り、ホンデリックの〈肯定〉とも親和する、ある種の悟りへの誘惑を行なう。先述の意味での現実主義者《リアリスト》としては生き続けることのできないわれわれに向けて。

(170) 永井［2013］, p. 248.
(171) 九鬼［2012］, pp. 44-45; 小浜［2012b］, p. 29.
(172) 九鬼［2012］, pp. 267–271.
(173) *Ibid.*, p. 267.
(174) 小浜［2012b］, p. 35. 小浜善信による『偶然性の問題』解説（小浜［2012a］）にも見られる通り、九鬼の言う形而上学的「絶対者」を神の言い換えとして読むことは自然であろう。ところで同解説によれば、九鬼自身は「おそらく自覚的に、「神」という言葉の使用を避けて」おり、「自らの思想として積極的に神の存在を語る場合、それは「遊戯する神」を意味する」とされる（p. 412）。
(175) 九鬼［2012］, p. 163.
(176) *Ibid.*, p. 164.

無をうちに蔵して滅亡の運命を有する偶然性に永遠の運命の意味を付与するには、未来によって瞬間を生かしむるよりほかはない。未来的なる可能性によって現在的なる偶然性の意味を奔騰させるよりほかはない。かの弥蘭の「何故」に対して、理論の圏内にあっては、偶然性は具体的存在の不可欠条件であると答えるまでであるが、実践の領域にあっては、「遇うて空しく過ぐる勿《なか》れ」という命令を自己に与えることによって理論の空隙を満たすことができるであろう。[177]

もちろん、そのような命令を「自己に与える」ことはできないし、そもそも、その命令には実行者がいるはずのないことを——本書で述べてきた意味で——九鬼は承知していただろう。だからこそ彼は著書において、今日のわれわれが脳を擬人化するようには、絶対者（神）を擬人化しなかった。世界の始原であり自己原因であるそれに理性や善性を与えることもせず、それによる偶然的創造をせいぜい「遊戯」と呼ぶに留めた。「偶然には目的が無い。意図が無い。ゆかりが無い[178]」。だが、それでも彼は「実践の領域にあっては」先の引用のように語ることを選んだし、私も本書を離れたあとは、日々そうせざるをえないだろう。

(177) *Ibid.*, p. 282.

(178) *Ibid.*, p. 272.

補論

補論として、分岐問題と関わりの深い四つの過去の拙稿を収めた。表記や表現をわずかに手直ししてあるが、ほぼ初出時のままである（初出情報はあとがきの末部を参照）。それぞれ独立した内容をもつため、どれから読み始めても問題はない。一つの自然な読み方は、第一章から第四章のなかで補論が言及された際、より強い興味を覚えた補論から読んでいくというものである。

これらの拙稿を——加筆・分解を経て——各章に取り込まなかった理由について、ひとこと述べておく必要があるだろう。全四章から見て各補論は一種の「参照先」となっており、他者の書いた論稿のようにそれらに言及することで、メタ的な考察が試みられている[179]（とりわけ第三章における補

(179) これに対し、各補論を細切れにして全四章に取り込んだなら、読者の負担は不必要に増しただろう。読者はその際、各補論がもっていた議論構造を再発見しなければならず、さらに各章の大きな流れが阻害されることにも耐えなければならない。他方、こうした心配のない拙稿については——あとがきで述べたように——分解を経て各章に取り込んだ。

論2・補論4の扱いはそうである)。空間の比喩を用いるなら、全四章は協調して一つの平面を造り、その平面上に第四章第7節で見た〈三角形〉の図が置かれるが、この補論はその平面の下の層にある小さな平面を集めたものと言える。

それぞれの補論の内容を、簡単に紹介しておこう。補論1では、マクタガートの有名な「時間の非実在論」を素材に、時制的変化と言語との不和が論じられている。補論2では、ウィトゲンシュタイン『確実性の問題』を、トークン的かつ指標的な知識の「紐帯《ちゅうたい》」化の議論として読み直す。補論3では、特定の文献に依拠せず、幼児叱責の三分類(直示禁止・否定禁止・間接禁止)を経て、反事実的可能性と倫理の関係を見る。そして最後の補論4では、クリプキ『名指しと必然性』における、〈指示の因果説〉と〈起源の本質説〉の非明示的な連動の意味を探る。いずれの補論もそれ自体で完結した構造をもつが、全四章で言及される際には、新たに分岐問題との結びつきを得ている点に注目して頂きたい。

補論1

時制的変化は定義可能か——マクタガートの洞察と失敗

論文「時間の非実在性」[180]（以下「ＵＴ」と略記）においてマクタガートが洞察したのは、性質的変化の前提としての時制的変化の存在であった。[181] だが本論で見るように、彼はＡ系列を時制的変化のための系列として定義することに失敗している。ＵＴ後半部の証明が破綻しているのもそのためであり、そこでのＡ系列は変化とは無縁な、たんなる時間的指標詞（Ａ規定）に成り下がっている。この問題の変質は、ダメットの擁護的議論によってさらに強化されることとなり、今日もなおその影響は色濃い。[182]

（180） McTaggart［1908］.

（181） マクタガートにはこの他にも、同じ証明を扱った議論が存在する（McTaggart［1927］）。だがその議論は基本的にＵＴを圧縮したものであり、大部の著作の一章として書かれたものであるため、本論では一貫してＵＴのみに検討を加えた。

（182） 代表的な論者にはメラーがいる。メラーがダメットから受け継いだのは、Ａ規定を用いてＵＴを再定式化する点、およびその再定式化が実在の記述の真理値評価に関わっている点である（たとえばMellor［1998］）。本論第3節で述べるように、こうした再定式化は注目に値するが、ＵＴの本来の狙いを十分に捉本論の中心的課題は、マクタガートの証明およびダメットによる擁護論の妥当性の検討にあるのではない。問題の核心は、時制的変化の定義に潜む克服しがたい困難にある。マクタガートに由来する時間の実在性の検討において、この定義が十全に行なわれた例は見当たらない(183)。形式化された議論の多くは、先後関係にA規定――A系列ではなく――を追加すべきかを争点にしており、ダメットの問いの変質を経ている。本論の議論の焦点はその理由の解明にあり、マクタガートらの検討はそのための手がかりに用いられている。

1

はじめにUTの概略を述べよう。マクタガートは前半部において、二つの時間系列を区別している。「遠い過去から近い過去を経て現在に至り、さらに現在から近い未来へ、そして遠い未来へと及ぶ位置の系列」をA系列と呼ぶのに対し、「より以前からより以後へと及ぶ位置の系列」をB系列と呼ぶ(184)。マクタガートは二つの系列を次のように評価する――。B系列において出来事Mが出来事Nの以前にあれば、その関係は永続的に変わらない。ここでは時間の実在にとって本質的な変化が扱われていない。一方A系列においては、B系列では扱いえない真の変化が捉えられる。それゆえ時間の実在にとってA系列は不可欠である。

マクタガートの言う「真の変化」とは何か。多くの解説では、それが対象の性質的変化――同一の対象が異なる時点で異なる性質をもつという変化——ではないという点が強調される。たとえば時刻t_1から時刻t_2にかけてのさなぎから蝶への変化（t_2はt_1の以後とする）は真の変化ではない、といった具合に。空間的移動もまた、空間的位置という性質の変化だと言えるため、真の変化とは見なされない。

だがこうした解説には不足がある。その不足について述べる前に、UTから真の変化について語っている箇所を引用しよう。マクタガートはアン女王の死という出来事を例に、それを次のように表現する。

それが特定の死であること、それがアン・スチュアートの死であること、それが一定の原因を

えたものではない。同種の問いの変質は、Lowe［1992］とLe Poidevin［1993］のあいだに交わされた論争のなかにも見ることができる。

(183) 時制論理は「現在」を真理値評価の基点として固定化するため、動的なA系列を表せないとの中山の指摘に私は同意する（中山［2003］, pp. 106–109）。ところで中山は同著のなかで、A系列に類する印象構造を詳細に形式化しているが、その箇所における次の記述はたいへん誠実なものに思える。「形式的記述は、元来、静的なもので、時間の動性を完璧に描くことはできない。しかし、それでも、時間の動性が描き出す痕跡の方は、形式的記述により、完璧に描くことができるのである。私たちは、これを形式的記述の限界として受け入れなければならない」（pp. 149–150）。本論の目的は、まさにこの限界の探究にある。

(184) UT, p. 458.

もち、そして一定の結果をもつこと、このようなどの特性もけっして変化しない。［……］しかしある一つの点で、その出来事はまさに変化する。その出来事は、まずは未来の出来事であった。そして、刻一刻とより近い未来の出来事となり、とうとうそれは現在となる。続いてそれは過去になり、つねに過去のままであり続けるが、ただしそれは刻一刻とより遠い過去になる。(185)

この表現がそもそも有意味かどうかは、本論の後半で検討される。しかしここでは暫定的にこの表現を受けいれたうえで、そこで語られた真の変化を「時制的変化」と呼ぶことにしよう。性質的変化と時制的変化の違いはどのようなものだろうか。性質的変化の担い手は、異なる複数の時点において異なる性質を所有する（t_1においてさなぎであり、t_2において蝶である、というように）。一方、時制的変化の担い手はつねに同一の時点（「時点」といっても、ここでの議論ではとくに瞬間である必要はない）に位置する。

時制的変化は性質的変化と異なる。そして前者は、A系列の存在なしには不可能である。このことから多くの論者が、前者をA系列、後者をB系列と結びつけてきた。しかしマクタガートの主張の真意は、B系列ではいかなる意味での変化も扱えないという点にある。性質的変化とB系列を安易に結びつけてはならない。

たしかにB系列は、時刻t_1において「さなぎである」対象xが時刻t_2において「蝶である」といった事態の描写を可能にする。だがB系列では、さなぎが蝶に「なる」といった事態を描写することができない。さなぎが蝶に「なる」ためには、変化の二つの段階のあいだに時間の流れが必要とされるが、マクタガートはこうした動性をA系列の側に押しやったためだ。性質的変化はこの意味で時制的変化を含んでおり、B系列の力のみでは描写不可能なのである（性質的変化の描写において「なる」が果たす役割については、第4節後半で再考する）。

これに対し、時制的変化をA系列と結合して理解する態度は、マクタガート自身によるものである。次節以降の議論で私はこの結合の失敗を示すが、現段階ではここに問題が残されていることのみを指摘しておこう。

それではUTの後半部に移ろう。そこでは次の証明が展開される――。「過去」「現在」「未来」は互いに両立不可能な規定であるが、いかなる出来事もそのすべてをもたねばならない。マクタガートはここにA系列の矛盾を見出し、時間の実在にとって不可欠なA系列が矛盾することから、時間の非実在を導こうとする。[186]

しかし、この「証明」に対し、「未来であった」「現在である」「過去になるだろう」という三つ

(185) UT, p. 460, 省略引用者。

(186) 入不二が指摘するように、マクタガートはこの箇所で「矛盾するものは実在しえない」との隠れた前提を持ち込んでいる（入不二［2002］, pp. 61–64）。同著において入不二は、A論者対B論者の枠組みを離れたマクタガート論を展開しており、海外の研究に捉われない独自の考察をなしえている。

の述語ならば、矛盾なく両立可能であると考えてはなぜいけないのか。マクタガートはこう答える――。それらの述語を「過去において未来である」「現在において現在である」「未来において過去である」のように書き換えるなら、A系列の説明に、高次のA系列を用いていることが分かる。だが、この高次のA系列においても、「未来において未来である」と「過去において過去である」のような両立不可能な述語が現われるだろう。これらを両立させるため、「未来において未来であった」と「過去において過去になるだろう」のような述語を用意しても、悪循環に陥るのは明らかであり、さらに高次のA系列において同様の矛盾が発生する。

このマクタガートの応答は独特の魅力をもっており、さまざまな議論を喚起してきた。一般にUTの解説はこの箇所までをひとつながりに扱う。本論でもここでひとまず解説を終えることにしよう。

2

UT後半部の証明は、指標詞一般にあてはまるように見える。たとえばこの論文の著者は、「私」でありかつ「彼」でもあるが、「私」と「彼」は非両立的な規定であると言える。空間的指標詞の「ここ」と「そこ」についても同じようなことが言える。だがこのことを矛盾と呼び、非実在性の根拠とするなら、人間や空間の実在性もまた否定されることになる。これはマクタガート自身にとっても受けいれがたい結論である。

ダメットはこの難点に対し、UT後半部が前半部に依存することを強調した[187]。彼の表現を用いるなら、「前半部の類比が空間や人間に関して成り立たない[188]」ために、後半部の証明を空間や人間に当てはめるのは不可能とされる。

しかし、容易には納得できない。前半部の議論におけるA系列の描写に際して、「なる」や「あり続ける」といった語が活躍していたことを思い出そう。マクタガートはこれらの語彙で、変化の動的な性格を語ろうとしている。マクタガートにとって時間の動性は、疑いなく、A系列の主要な特性であった。

だがUT後半部の証明におけるA系列は、こうした時間の動性を完全に失っている。それは「過去」「現在」「未来」という両立不可能な規定同士の静的な関係で表されている。すなわちここでのA系列は、「私」と「彼」の関係や、「ここ」と「そこ」の関係とパラレルなものとして扱われている。今後、「現在」との関係を表す時間的指示語一般を、A規定と呼ぶことにしよう。重要なのは、A規定に含まれる語(「過去」「現在」「明日」「今年」等)そのものには、変化が含まれていない点だ。

マクタガートの擁護者は、次のように反論するだろう(ダメットの語る「前半部への依存」もこの反論を支持するものである)。A規定の相互排他性は、たしかに形式化してしまえば、人間や空間の

(187) Dummett [1960].
(188) *Ibid*., p. 500, 邦訳 p. 375.

指標詞がもつ静的な相互排他性（すなわち非時間的な相互排他性）と区別がつかない。だが前者の相互排他性には、指標詞の特性のみによらない時間の動性が含まれている。マクタガートの議論の意味を真に理解するためには、この動性への洞察を、証明に読み込まなければならない。

しかしこの反論は、マクタガートの証明自体を不可解なものに変えてしまう。もし上記の反論の通り、A規定は他の指標詞と異なる動的な相互排他性をもつのだとしよう。マクタガートも前半部においては、そのようなものとしてA系列を論じた。ところがこの主張を認めるなら、後半部の証明は空虚になる。「同一の出来事がA規定のすべてをもつ」ことは、動的な相互排他性の承認において、すでに許可されているのだから。同一の出来事はA規定のすべてを、まさに動的にもてるのである。

この点に注目すると、UTの議論全体の奇妙な構造が明らかになる。A系列を否定するには、A系列とは何のことかを読者は理解しなければならない。ところがそれを理解するには、マクタガートの言うA系列の矛盾がすでに解消していることが要求される。すなわち、同一の出来事がA規定のすべてを所有すること、それも動的に所有すること、このことが知られているのでなければ、マクタガートはいっさいの議論を始めることさえできなかった。だがそのことが知られているなら、後半部の証明はまったく意味をなさない。

マクタガートにとって都合がよいのは、前半部から時間の動性を読み取り、時制概念が他の指標詞とは異なることを理解した後、時制概念は別格であるとの印象を残したまま、そこでの議論を忘、れることである。指標詞一般にあてはまる後半部の証明をそれ以上のものに見せているのは、このいい、印象にほかならない。恐るべきことに多くの読者がこの印象にだまされてきた。おそらくはマクタガート自身もまた。

こうして、われわれは次の結論に辿りつく。UTが仮に何らかの証明に成功しているとしても、時制的変化の不可能性を証明することには失敗している。だがマクタガートにとって時間の非実在性の証明とは、まさにこのことであったはずだ。私にはこの結論があまりにも明白なものに思える。にもかかわらずこの結論は広く受けいれられてはいない（マクタガートの証明を詭弁と見なす議論は多いが、上述したUTの構造はほとんど注目されていない）。おそらくその最大の理由は、この結論を見えづらくさせる特殊な問題の混在による。次節ではその問題をダメットの議論から取り出してみよう。

3

ダメットはUTの前半部から、次のテーゼを抽出する。「時間において存在するものは状況依存的な表現なくしては完全に描写し得ない」(189)。このテーゼは、「実在とはそれについて完全な描写が原

(189) *Ibid.*, p. 502, 邦訳 p. 378.

理上存在するところのものでなければならぬ(190)」という別のテーゼと組み合わさることで時間の実在性を脅かす。そこでダメットは第一のテーゼ（時間的描写の状況依存性）を維持するために、第二のテーゼ（実在の描写の完全性）を放棄する道を示唆する。

ここで興味深いのは、ダメットが描写の状況依存性に注目していることである。彼の考えをまとめてみよう。実在を描写するうえでだれが「私」であり、どこが「ここ」であるかを知る必要はない。これらの表現は状況依存的であり、実在の描写ではないからだ（このとき「私」はその語の使用者を指し、「ここ」はその語の使用場所を指す）。ところが「現在」はこの点において、「私」や「ここ」とは異なっている。宇宙に起こるすべての出来事を知っている人物がいたとしても、彼のその知識だけでは実在の描写は満たされない。「彼は出来事の系列の完全な物語を与えることはできる。しかし、それでもなお「それらの出来事のどれが今起きているのか」という問いに答えることが残されるだろう(191)」。

ここでダメットが見ているものは、A規定（とりわけ「現在」）の実在性をめぐる問いである。実在の世界を描写するのにA規定が不可欠だとするなら、ある出来事が「現在であり」かつ「現在でない」ことは深刻な矛盾を生むだろう。このときUTの証明は、実在の描写が排中律を破るという厄介な事態を扱っている。

だがダメットのこうした議論は、マクタガートの擁護となりえているのか。ここには大きな疑問がある。ダメットはUTの証明と同様、時制的変化の問題を扱ってはいないからだ。ある出来事が現在から現在でない状態（過去）に「なる」のはいかにしてか、という時制的変化を含んだ問いは、ある出来事が「現在であり」かつ「現在でない」ことはなぜ可能か、という問いの枠組みをはみ出している。

ダメットはたしかに両者の問いに関連があるべきだと考えており、そのことを「後半部の前半部への依存」というかたちで述べた。だがその依存の実体について、彼はアナロジーしか述べていない（本論の結論が正しいとするなら、彼にはそれしかできなかった）。それゆえダメットの問いとしてわれわれに明瞭に受け継がれたのは、A規定の実在性の問いとなった。ここには時間の動性や系列性はもはや関わっていない。

このような問いの単純化は、UT後半部の証明を擁護するうえでは有効であった。A規定の実在性に注目するなら、時間の動性を失った証明のなかにも、時制の特権性を見出せるからだ。もし「現在である」ことが実在のあり方に関わるとするなら、前節でみた「結論」の明言は躊躇されるだろう。

もう一度確認しておくなら、ダメットはUTの証明から改めて時制的変化を奪ったのではない。それはすでに損なわれていたのであり、それゆえ証明は失敗していた。ダメットが着手したのは、時制的変化の欠落を実在性への言及によって補い、証明を擁護する試みである。

(190) *Ibid.*, p. 503, 邦訳 p. 379.
(191) *Ibid.*, p. 501, 拙訳、強調引用者、邦訳 p. 376.

この試みそのものは広い射程をもっており、独自に検討する価値がある。だがUT全体の擁護という観点に立つならば、議論はすれ違っていると言わざるをえない。なぜならA規定を他の指標詞から特権化するためにダメットが依拠しているのは、時制の特別な実在性への直観にほかならないのだが、これこそUTが最終的に否定する事柄であるからだ。

ダメットのこの混乱は、彼の結論によって整理される。ダメットは時間の非実在性ではなく実在の描写の不完全性を、より重要な結論と見なすのである。しかしこの結論に至る論証が、A規定の実在性を前提としてなされていることに注意するなら、ダメットの狙いがはじめからマクタガート擁護とは異なる点に向けられていたことが分かるだろう。

4

UTには少なくとも二つの論点が含まれており、ダメットはその一方（A規定の実在性の問い）を救い出す過程において、他方（時制的変化の問い）を隠蔽《いんぺい》してしまった。ダメットがのちの議論に与えた影響は大きく、この隠蔽は今日もなお続いている。だが前節までで見出されたのは、UTが同種の隠蔽を暗黙のうちに実行しており、その隠蔽が後半部の証明を支えているという事実であった。

しかしながらこの隠蔽は、UTにただ有利には働かない。むしろそれはUTの失敗を決定づけている。UT全体の根幹をなす時間系列の分離において、この隠蔽はすでに始まっており、時制的変化とA系列との結合は果たされないからだ。

A系列に向けられる典型的な批判をもとに、この失敗の背景を探ろう。マクタガートはA系列の描写に、時制の遠近を持ち込んでいた。たとえば「より近い未来」といった表現を彼は用いたのである。多くの論者がこの点に対し、B系列の介在を指摘した。マクタガートによるA系列の定義は、「以前‐以後」の時間系列に依存しているというわけだ。

この批判を回避するため、系列性に触れないかたちでA系列を扱えるだろうか。ダメットが手がけたのは、その試みの一例であった。A規定の実在性に注目するなら、系列性はとりあえず不要となる。だがマクタガートにはどうしても、A系列を「系列」として提出する必要があった。

問題は、われわれの言語のなかに時制的変化を表す語彙が存在しないという点にある（それは日常言語に限らない）。言語は貫時制的な同一性と、時制表現とを併せもつが、この両者の関係を動的に語る能力をもたない[192]。われわれはたしかに、「pである」という事態が「p」の同一性を損なう

(192) クリプキ型の「グルー」（オリジナルのN・グッドマンのものとは異なり、「青」と「緑」の変換が時刻的にではなく時制的になされる）に類する時制依存的な概念の不在は、このことを裏づけるものである。すなわち時制表現は、貫時制的な言語に後から付け加えられたものではなく、両者は相補的に言語を支える。そのとき言語がこのようにある理由は、言語を生み出した言語外の事実に求められることになろう（青山[2011a], pp. 205-209）。

ことなく、「pであった」へと推移することを知っている。だがこの推移の正体を、「p」や時制表現を用いて改めて説明することはできない。われわれは二つの命題がともに真となりうることを、現実の時制的変化を通して知るのであり、そしてそのことによって初めて貫時制的な同一性を理解する。

変化を語る記述自体はけっして変化を被らない――。これは自明な事実であるが、しかしこの自明さのなかに本論での問題の核心がある。すなわち、記述の永続性と変化の動性との不和である。永続的な記述のなかに時制的表現(たとえばA規定)を導入しても、その時制的表現のあいだの変化が表されることはない。われわれの手持ちの言語において的確に表現可能なのは、異なる時点間の対象の差異、つまり性質的変化に限られる。

そのため時制的変化の描写は、性質的変化のアナロジーの力に依存せざるをえない。A規定間の変化は、性質間の変化と同種の描写をもって語られるのである。とりわけ遠近に関する語彙は、運動の描写のアナロジーとして時制的変化をうまく捉える(遠くから「現在」に近づき、また「現在」から遠ざかるといった)。このことがマクタガートに系列的な語彙の使用を強いた。彼にとってのA系列とは、時制的変化の舞台なのである。

ところがこうしたアナロジーには決定的な難点がある。性質的変化は時制的変化を理解の背景として要求するため(たんに「さなぎが蝶になる」と述べるだけで、われわれは時制的変化をも理解している)、アナロジーであるはずの描写が、そこで伝わるべき直観をあらかじめ語ってしまうのである。

「ある同一の出来事が現在から過去になる」という記述は、まさしくこうしたアナロジーの一種だ。この記述の奇妙さは「なる」の一語に潜んでいる。この一語を理解するには、移行する「現在」や「過去」を越えた高次の時制を捉えねばならない。性質的変化の語彙を用いて時制的変化のみを取り出そうとするとき、変化する時制と変化させる時制は分裂を免れないのである。

同じことを次のように言い換えてもよい。性質的変化のアナロジーによる時制的変化の描写は、「過去」「現在」「未来」といったA規定をあたかも性質のように扱ってしまう。ところが性質化されたA規定は、その性質間の変化を自らの力によっては描写できない。「なる」や「変わる」といった動的な述語は、性質化された時制のあいだの変化を一見描写可能にする。だがこうした動的な述語はそれ自体が時制的変化を表現しており、そこに読み取られるA規定はもはや性質的なものではない。もしその次元でのA規定をも性質化しようと試みるなら、さらなる高次の動的な述語が要求される。ここにはマクタガートの示した悪循環の議論が、より本質的なかたちで再現している。

一般に「アン女王の死が過去になる」といった文が自然であるように思われるのは、われわれが何らかの性質的変化を同時に理解しているためである。現在としての女王の死と過去としての女王の死はまったく同じ時点に位置するため、時間系列を眺望した地点から「さなぎが蝶になる」と述べるように、「現在としてのアン女王の死が過去としてのそれになる」と述べることはできない。だが現在と過去の違いを何らかの性質の違い（たとえば知覚と記憶）に矮小化するなら、二つの時点を比較して変化を語ることが可能となる。時制的変化を表した文は、こうした矮小化を背後で行なう。

誤解を招いてはいけないのだが、私は、性質的変化のみが存在し、時制的変化は存在しないと述べているわけではない。むしろ繰り返し述べた通り、時制的変化の存在なしに性質的変化は存在しえない。だが言語との関係において両者の立場は逆転する。記述の可能性に注目するなら、性質的変化に依存しない時制的変化はありえないのである。

5

A系列の提出におけるマクタガートの失敗は、性質的変化のアナロジーの限界を意識しないまま、そのアナロジーの語彙を用いて定義を試みた点にある。[193] 彼はその目的のために、時制的変化にとって不要なものをB系列の側へと押しやったのだが、そのことがUTの議論をさらに不必要に混乱させた。A系列の描写の困難がちょうど反転したかたちで、B系列の描写においても再現されてしまったからだ。

その事実は次の箇所でも確認することができる。マクタガートはA系列の描写に「過去‐未来」の向きを用い、B系列の描写に「以前‐以後」の向きを用いたが、この二つの時間的向きは正反対の要求を突きつけられる。すなわち、「過去‐未来」には系列性に依存せずに時制的変化を扱うことが要求されるのに対して、「以前‐以後」には時制的変化に依存せずに系列性を扱うことが要求されるのだ。マクタガートの狙いからいって、この二つの時間的向きは「同じ一つの時間」に属するものでなければならない。だが正反対の要求を突きつけられながら、いかにしてそれは可能となるのか。

この疑問はしばしば、二通りの反応をひき起こした。「過去‐未来」への要求が満たされない点を強調するなら、A系列はB系列に依存するとの結論が得られる。一方、「以前‐以後」への要求が満たされない点を強調するなら、B系列はA系列に依存するとの結論が得られる（ＵＴの議論は後者である）[194]。

(193) ＵＴの論法をまず受けいれ、そこから破綻を取り出すというのが本論の議論の構成であった。それゆえ本論はＵＴと同様の危険をおかしている。すなわち、時制的変化単独での描写の困難に関する批判は、そのまま本論自身へと帰って来ることになる。しかしながらこの危険をおかすことなく、マクタガートの論点を伝達することは不可能であろう。重要なのはそこで用いられるアナロジーの限界をつねに意識することなのである。

(194) 時間の非実在性の証明には不要であると断ったうえで、マクタガートは次の主張を行なう。B系列上の「以前‐以後」は、たんなる順序関係（たとえば数直線上の大小関係）ではなく時間的な向きを表しているが、このような向きを理解するにはA系列の介在が不可欠である。それゆえ「以前‐以後」の向きは、特定の向きをもたない線形系列（マクタガートはそれをＣ系列と呼ぶ）に、A系列が加わることで初めて確保される（UT. pp. 461–464）。

一見、この二つの立場は衝突するように思われるため、近年の時間論においては、どちらの立場が優位かをめぐって対立する風潮がある。(195) いわゆるA論者が、B系列のA系列への依存を主張するのに対し、B論者はA系列のB系列への依存、あるいはA規定の不要性を主張する。

だがいまやわれわれは、それとは別の角度からこの対立を捉えることができる。問題の核心は時制的変化と言語の不和にあり、それを取り出すにせよ、消し去るにせよ、時制的変化を単独で扱おうとする試みは何らかの失敗に陥るのである。A系列を時制的変化と一体化させるマクタガートの狙いは、まさにこの失敗と不可分であり、破綻を宿命づけられている。

ところがこの破綻を認めず、系列の分離に固執することで、マクタガートは時制的変化への洞察を自ら隠蔽してしまった。彼は時制的変化の描写を用いたA系列の定義を目指したのだが、その試みが頓挫したあとには、状況依存的な時間表現（すなわちA規定）をA系列と同一視したのである。(196) UT後半部の証明への移行は、まさにこの同一視に基づく。

だがこの時点でマクタガートが、ダメット的な問いの変質への一歩を踏み出していることは明らかであろう。たしかに時制的変化の描写には、状況依存的な記述（A規定を用いた記述）が入り込んでくる。ダメットはこの点に注目し、状況依存的な記述と実在性との関係を論じた。しかしマクタガートの洞察の先には、ダメットの問いの発信の根拠、すなわち時制的変化がある。ダメットの問いが有効に機能するのは、描写の依存する状況こそが時制的変化の渦中にあるからにほかならない。この関係を逆に捉えて、状況依存的な記述の側から時制的変化を定義するのは倒錯した試みなのである。

6

性質的変化の背景に時制的変化を見出すこと――これこそがUTにおけるマクタガートの洞察であった。だがUTが今日もなお著名な論文であり続けている理由は、この洞察への共感以上に、新奇な時間系列の分離と逆説的な証明の魅力にある。

このこと自体は当然ながらUTの価値を貶《おとし》めはしない。だが問題はこの二つの魅力が、時制的変化への洞察からわれわれの目をそらすという事実にある。もう一度、そのことを確認しよう。A系列とB系列の分離はマクタガートの意図に反して、時制的変化の有無の差を表現することに失敗している。UTの議論の進行とともにA系列はA規定に近づき、時間の動性は失われていく。その結果として得られるものこそ、後半部の証明にほかならない。

(195) 信頼に足るアンソロジーとしては、Oaklander & Smith (eds.) [1994] がある（マクタガートやA・N・プライアーに依拠する三十本以上の論文が読める）。

(196) UT前半部の中盤以降で、この同一視は深まっていく。とりわけ特徴的なのは、A性質（A-characteristics）に言及する箇所（pp. 460-461）、およびA系列における区別（distinctions）の本質性を語る箇所（p. 464）である。

それゆえ時制的変化への洞察を真に吟味しようとする者は、ＵＴの時間系列の分離や時間の非実在性の証明から、距離を保つ必要がある。それらは独立の議論として不十分であるという以上に、ダメット的な問いの変質を促す点で有害だからだ。この意味で、マクタガートの洞察を伝える最大の障壁となっているのは彼自身の議論なのであり、彼をめぐる混乱の多くは彼の内部での混乱にすぎない。

補論2

無知の発見——猫の懐疑とウィトゲンシュタイン

論理は「いかに」より前にあるが、「何」より前にはない。
（『論理哲学論考』五・五五二節）

1　たんなる可能性

国会議事堂に百匹の猫が住んでいることは可能だろう。しかし私はそれが事実ではないと信じている。ではある人物が私に向かって、次のように言ったとしたらどうか。「国会議事堂に百匹の猫が住んでいることは可能であり、あなたはその可能性を完全に否定することはできないのだから、あなたの信念は誤っているかもしれない。つまり国会議事堂に百匹の猫が住んでいないことを、あなたは本当に知っているとは言えない」。

このような懐疑に、まともに立ち向かう必要はないように見える。国会議事堂に百匹の猫が住んでいるというのは、たんなる可能性にすぎないからだ。むしろ私は、そのような懐疑をすることの根拠を問いただすだろう。つまり、なぜその人物は、東京ドームではなく国会議事堂に、二百匹ではなく百匹の、そして犬ではなく猫が住んでいる可能性のみを疑うのかというように。たんなる可能性としては、たとえば、東京ドームに二百匹の犬が住んでいることも可能なのだから、さきほどの人物はなぜこちらの可能性ではなく、先述の可能性のみに目を向けるのかを述べる必要があるはずだ。

ある特定の可能性を、たんなる可能性から懐疑に値する可能性へと引き上げるためには、何らかの様相的理論が必要とされる。確保される知識の集合をA、疑われる知識の集合をBとするなら、有意義な懐疑は、Aの内容を変えることなしにBの内容が変わりうると述べるための、説得的な理論を含んでいる。

特定の懐疑をいったん懐疑として受けいれたならば、疑われた知識を、疑われていない知識の側から再構成することは急務ではない。無知を様相的に確保することが、懐疑の一つの価値である。ここで重要なのは、懐疑によって突きつけられる無知が、たんなる無知ではなく、つねに何らかの様相的理論を伴った具体的な無知であるという点だ。

それゆえ、何らかの懐疑を退けるもっとも単純な方法は、はじめからそれを受けいれないことだ。そのためには、特定の可能性を懐疑に値する可能性へ引き上げている様相的理論を拒否すればよい。その拒否が、拒否のための拒否ではなく説得的になされているなら、その可能性は後ろ盾のない、たんなる可能性となるだろう。たとえば百匹の猫の可能性のように。

「たんなる」という表現が曖昧なものに思われるなら、次のように考えてもよい。たんなる可能性を表す文とは、同等な可能性を表す文が無数に作り出せるものである。百匹の猫の存在がたんに可能だというだけなら、二百匹の犬の存在も、三百匹の猿の存在も同じように可能だろう。名詞と数詞との配列可能性を単純に考慮するだけでも、「国会議事堂に百匹の猫が住んでいる」という文の亜種は、いくらでも産出できることが分かる。

たんなる可能性と懐疑に値する可能性との識別は、その手順を言語化できるか、あるいはその過程を意識できるかにかかわらず、人間にとって欠かせないものだ。「正常な」人間とは、疑う必要のない可能性を、はじめから可能性としてさえ考慮しない人間である。言い換えるなら、考える必要のない可能性をそもそも思いつかないことのできる人間である。足を一歩踏み出すたびに、床が抜け落ちたり、ピアノが降ってきたり、かかとが溶け出したりする可能性を考慮する人物は慎重というより異常であるが、しかし、だからといってそうした人物に「たんなる可能性を気に留めないように」と忠告してもうまくいかない。なぜなら彼らの異常性は、そうした可能性を無視できないことよりも、そうした可能性に気づいてしまうことにあるからだ。

2　哲学的懐疑論

哲学史上の懐疑論も、それが懐疑によって構成されている以上、先述の様相的理論を伴っている。外界の懐疑は、感覚についての知識を変えることなく外界についての知識が変わりうることを、特定の様相的理論とともに提示したものである。帰納法の懐疑は、過去の事例についての知識を変えることなく未来の予測についての知識が変わりうることを、やはり特定の様相的理論とともに提示したものである。桶のなかの脳の懐疑や、他我の不在の懐疑、あるいはあとで取り上げるクワス算の懐疑についても、同じ構造を見出すことができる。とはいえ哲学的懐疑論が、日常的かつ有用な懐疑とまったく同型なわけではない。

日常的な懐疑において、考慮に値する可能性は、はじめから絞り込まれている。それも「絞り込まれる」という表現が不当であるような仕方で――、つまり、たんなる可能性がそもそも可能性として浮上しないという仕方で。「昨日購入したカバンは有名商品の偽物かもしれない」。この可能性は、カバンについての無数の可能性――そのカバンがちょうど千回の縫製によって作られた可能性や、夜になると小さなワニに変化する可能性――を逐一検討した結果、手元に残されたものではない。それは、購入した店の雰囲気、価格の安さ、カバンの質感、こうしたさまざまな情報との様相的連関とともに、最初から懐疑に足るものとして与えられた可能性なのである。

哲学的懐疑論の場合はどうか。クリプキの懐疑に登場する、クワス算に目を向けてみよう[197]。問題とされる可能性は、私が足し算（プラス算）として従っている規則はじつは「クワス算」であるというものだ。クワス算とは、57以上の数を足し合わせるときに答えを「5」とするものであり、またこの懐疑の設定において、私はいままで57以上の数の足し算をしたことがないとされる。

上記の意味でのクワス算をここではクワス＃5算と呼び、57以上の数を足すときに「5」ではなく「6」を答えとする規則をクワス＃6算、「5」ではなく「7」を答えとする規則をクワス＃7

算……と呼ぶことにしよう。われわれは無限のクワス算のバリエーションを考えることができる。クワス#5算は、クワス#6算やクワス#100算と合い並ぶ無数の可能性の一つにすぎず、またその無数の可能性は、数詞と名詞の配列可能性に基づいている。

先述した私の疑問、なぜ東京ドームではなく国会議事堂に、二百匹ではなく百匹の、そして犬ではなく猫が住んでいる可能性のみを疑うのか、という疑問が、なぜクワス#6算やクワス#100算ではなくクワス#5算の可能性のみを疑うのかという疑問と酷似していることは明らかだろう。この点について、クワス#5算の懐疑論者は、自分の議論がクワス#6算やクワス#100算にも当てはまることを認めるはずだ。ただ彼らはそのことからクワス#5算の懐疑が不毛であると考えるのではなく、むしろ、そこでなされている懐疑はクワス#5算という具体例を飛び越えて理解されるべき、より普遍的な懐疑なのだと答えるかもしれない。

だがこのような返答には、警戒してしかるべきだ。ある具体的な可能性をもとに懐疑を提出しておきながら、懐疑の意図が伝わった直後にその具体例が消し去られるというのは、率直に言って不可解である。そのような例は最初から、懐疑を構成するだけの力をもたなかったのではないか。どのような例にでも当てはまることは、懐疑の普遍性ではなく、懐疑が始まってさえいないことを表しているのではないか。

(197) Kripke [1982].

もしも懐疑論者がクワス#6算やクワス#7算……には適用不可能でありながら、クワス#5算にのみ適用可能な懐疑を提出したならば、人々はそれを賞賛し、その可能性を重視するだろう。しかしクリプキによるクワス算（クワス#5算）の懐疑は、もちろんそのようなものではない。同論の文脈においては、57以上の数を足し合わせるとき、「5」ではなく「マグロマル」と答える規則や服をすべて脱ぐといった規則についても、同様の懐疑が実行できる。

日常的な懐疑においても哲学的懐疑論においても、様相的理論は働いている。しかし哲学的懐疑論の場合、様相的理論の働きはもっぱら、確保される知識と疑われる知識との独特な境界づけに向けられ、疑われる知識の代替物の具体的な提示には向けられていない。クワス算の懐疑においてこの事実は顕著であるが、外界の懐疑にせよ帰納法の懐疑にせよ構造的には同様であり、疑われる知識の代替物には野放図な可能性が開かれている。懐疑論の代表と言えるデカルトの懐疑を思い出してほしい[198]。悪霊に欺かれていない真の世界とはどのようなものか。そこにはまさに、たんなる可能性が無数に開かれている。デカルトは、懐疑に用いた言語以外のほとんどすべてを懐疑したが、その結果、言語で表現可能なありとあらゆる事態が、真実の候補になってしまった。

3　二つの描像

哲学的懐疑論がたんなる可能性を扱っているとして、それでもなお論じる価値をもつのかという問題はいまは扱わない。ここまでの議論を手がかりに私が検討したいのは、次の描像の是非である。

——絞り込まれていない可能性がまず無数に与えられており、そうした可能性は確実な知識の側から絞り込まれていく必要がある。人間はこのようにして無知の減少に努めるが、その努力にもかかわらず残されてしまった領域が懐疑の対象となる——。

私にはこの描像が不十分なものに思える。人々はときおり、このような描像のもとで知の発展を語るが、そのことが自然に見えるのは、それが事後的な語りだからだ。無数の可能性を絞り込むとはどのようなことか、それは何をすることなのか、という地に足のついた疑問は、すでに「絞り込まれた」可能性を手にしているとき、より形而上学的な疑問に不用意にすり替えられる危険がある。私は上の描像が完全に間違っているとは言わない。とりわけ、人間が事実として言語を使用できることが、上の描像を採ることの強い誘因になる場合がある。言語の主要な働きの一つが、無数の可能性から一つの可能性を選び出す働き——少なくともそのような比喩を許す働き——であるためだ。知の発展が、真でありうる文から真である文を選別することに喩えられるとき、人間は真でありうる文を無数に挙げることができるという直観が、さきほどの描像と結びつく。

(198) デカルト［2006］(原著初版 1641).

しかし、採りうる描像はけっしてこれ一つではない。猫の懐疑やカバンの懐疑、そして哲学的懐疑論を見渡すとき、私はさきほどの描像の代わりに次の描像を採りたくなる。

――まず疑われない知識があり、そこから開かれた可能性によって無知の領域が確保される。あらかじめ無数の可能性が与えられているのではなく、疑われない知識の側から人間は有限の可能性を開き、新たな無知の発見と、その解明を繰り返していく――。

「疑われない知識」という表現には、若干の補足が必要だろう。この表現の代わりに「確実と見なされている知識」という表現を用いたほうが、日本語としては自然である。だがこちらの表現は、あたかも一度、確実性の吟味がなされたかのような印象を与える。つまり、事実か事実でないかの検証を経て事実であることが確認されたとの印象を。他方、「疑われない知識」という表現で私が伝えたかったのは、その知識が偽である場合が、可能性としてさえ、そもそも考慮されていないということだ。

この第二の描像のもとでは、懐疑は知識減少の兆候というより、知識獲得の兆候と見なせる。それが有効な懐疑であるなら――哲学的懐疑論はともかく日常的な懐疑においては――現在の知識に置き換わりうる知識はすでに絞り込まれているはずである。だからわれわれは懐疑を通して、現在の知識を洗い直し、より正確な、あるいはより有用な知識を探すことができる。探すべき領域が与えられていなければ、われわれは探すことができないし、そもそも探すべき何かがあることに気づくこともない。

4『確実性の問題』

第二の描像に似たものを哲学史のどこに見出すべきか、私にはよく分からない。おそらくその有力な候補として挙げられるのは、「経験主義のふたつのドグマ」(一九五一年)におけるクワインの議論であり、『確実性の問題』(一九六九年)におけるウィトゲンシュタインの議論であろう。私が影響を自覚できるのは『確実性の問題』のほうであり、より正確に言えば、『論考』や『哲学探究』の後に来るものとしての『確実性の問題』である。第二の描像との関わりにおいて私がそこから読み取ったことを、最後に素描しておこう。

『確実性の問題』では、タイプ的(法則的)な知識のほかにトークン的(個別的)な知識までもが——しかも「ここに私の手がある」「私の名前はL・Wである」「私は月に行ったことがない」のような、私や私の周辺についてのトークン的かつ指標的な知識が——疑われない知識に含まれている。そしてそれが究極的な意味で、私と世界との紐帯になる。

タイプ的な知識がどれほど積み重ねられようと——「論理」や「文法」や「生活形式」がどれほどタイプ的に固定されようと——どこかでトークン的な知識が確保されなければ私と世界は切り離

されたままだ。紐帯となるトークン的知識は、それがトークン的であるがゆえに法則から導くことができない。法則と何らかのトークン的知識から別のトークン的知識を導くことはできても、法則のみからトークン的知識を導くことはできない。

もしも何らかの事物が在るなら、それは法則に従うだろう。だが何かが在ることは、法則のみからでは知られない。それゆえ、もともと疑われないという仕方で確保されたトークン的知識は――おそらくウィトゲンシュタインならば「知識」とは呼ばなかったであろう知識は――『確実性の問題』の比喩を借りれば、「河床」の大切な一部となる。知の営みにおける河床は、その上をさまざまな知識が流れることで――他の知識が疑われ置き換えられることによって――動かされないものとなる。河床と流れのどちらかが他方に先立つと述べることはできない。

そして『論考』五・五五二節のように、何かが在ることは論理の前に、それがどのようにあるのかは論理の後に来る、と述べることも、いまはできない。ここに私の手が在ることが河床の知識の一部であるなら、それが私の手でないことは可能性としてさえ考えられない。なぜなら、私の手であることを諸可能性の一つとしてもつ「それ」など知られてはいないからだ。

――知られていない？　ここに私の手が在るなら、それが他人の手であったり、別の場所を占めていたり、あるいは存在しなかったことも可能であるのは明らかではないか――。いや、しかしそのように考えるとき、私は言語の導きによってたんなる可能性の森に迷い込んでいるか――言語は一種の様相的理論として働く――あるいはすでに懐疑のなかにいる。

知識の様相的解剖を経ず、ただここに私の手が在るのを知っていること。「ここに私の手が在る」という文が真であるなどとは言わないこと。何らかの事物の存在を河床において知るというのは、まさにそのようなことである。だから私は本当なら、河床のこうした知識の例を挙げることもできなかった。ここに私の手が在ることは疑われていないと述べたとたん――こうして哲学を始めたとたん――私の手の存在は河床からわずかに浮上してしまう。それがふたたび河床に戻るのは、私が哲学的思考から離れて、生活に戻ったあとのことだ。

補論3
叱責における様相と時間

1　叱責の三分類

母国語習得段階の幼児をわれわれは言語で叱責する。そのとき何が行なわれているかを、様相（可能性）と時間の観点から分析してみよう。

言語による幼児への叱責は、大きく三つに分類できる。まずは、「こら」とか「だめ」といった、具体的説明を含まない定型表現による行為の禁止。叱っている側の人物は、今やっているその行為をやめるよう幼児に伝えたいのだが、その行為とはどの行為なのかは、まったく言語化されていない。本論ではこれを「直示禁止」と呼ぶ。後述の通り、直示禁止に用いられる表現は、「これ」や「それ」などの直示表現と似た働きをもっている。

第二の種類の叱責は、何かを具体的に禁止することで特定の行為をやめさせるものだ。たとえば壁に落書きをしている幼児に向かって、「壁に描くな」と言ったりするのが、この第二の叱責にあたる。こちらは直示禁止とは異なり、何をやめるべきなのかがはっきり言語化されている。特定の行為をしないこと——否定形の行為——が叱責の核をなすことから、これを「否定禁止」と呼ぼう。

そして第三に、やめさせたい行為ではなく、その代わりにやらせたい行為を指示する種類の叱責がある。さきほどの落書きの例で言うなら、「画用紙に描け」と叱ったりするものだ。この場合は直示禁止と同様、何をやめるべきなのかは具体的に伝えられていないが、しかし、いかなる行為をするべきかが伝えられることで、間接的に、問題の行為が禁止される。たとえば画用紙に絵を描かせることで、間接的に、壁への落書きをやめさせるのである。本論ではこれを「間接禁止」と呼ぶ。

以上、三つの分類をもとにさまざまな考察を進めてみよう。

2 叱責の翻訳

直示禁止に用いられる「こら」や「だめ」などの表現は、「これ」や「それ」などの直示表現に類似している。周辺にある何らかの出来事——たとえば目の前のいたずら——を、具体的な説明なしに、直示的に話題に持ち込むのである。そのため直示禁止の発話は、「これ」などの直示表現と同様、さまざまな誤解の可能性をもつ。壁への落書きを「こら」と叱っても、叱られた幼児は、「赤色で」絵を描いたことや、あるいはそのときにしていた「あくび」を叱られたのだと思うかもしれない。

「こら」と叱られた幼児がその意味を正しく理解するには、幼児は自分自身の力で、やめるべきことを見分けねばならない。つまり「こら」という直示禁止を、「これこれをするな」という否定禁止に翻訳できる必要がある。赤色で絵を描いたことや、あくびをしたことではなく、壁に絵を描いたことがまずいのであり、その行為こそをやめるべきなのだ、というふうに。

こうした指示の不明瞭さは、間接禁止についても見られる。「画用紙に描け」と叱られた幼児が、まさにその命令通り、壁にではなく画用紙に絵を描き始めたとしよう。落書きをやめて、きちんと画用紙に描き始めたのだから、一見何の不都合もない。推奨された行為（画用紙に描くこと）が、問題の行為（壁に描くこと）と同時には実行不可能であるため、たんに推奨行為を行なうだけで、幼児は問題の行為をやめることができる。

しかし、このときその幼児は、自分が叱られたことの意味を理解してはいないかもしれない。なぜならこの叱り方では、何をやめるべきなのかが指示されていないからだ。「画用紙に描け」と叱られた幼児は、とくに何も考えず、ただ命令に従ったのかもしれない。画用紙に描くことが壁に描かないことでもある、という事実には、気づいていないかもしれない。この場合、真の意味での叱責がなされているとは言えないだろう。というのもその幼児は、「壁に描いてはいけないから、その代わりに画用紙に描こう」と考えたわけではなく、「壁に描く」こととは無関係に、ただ、「画用紙に描け」という命令に従ったにすぎないからだ。つまり、「画用紙に描け」という間接禁止を、「壁に描くな」という否定禁止に翻訳できてはいないのである。

否定禁止に関しては、間接禁止とは逆の問題がある。否定禁止では、何をやめるべきかが示されているのに対し、代わりに何をすべきかは示されていない。そのため幼児は、どの行為が問題なのかを理解するだけではなく、その行為に置き換わる、より良い行為を見出さねばならない。言い換えるなら、否定禁止を適切な間接禁止へと翻訳しなければならない(199)。

三種類の叱責のあいだの翻訳関係をまとめてみよう。間接禁止は否定禁止に翻訳されることを要求し、否定禁止は間接禁止に翻訳されることを要求する。そして、「こら」や「だめ」などの直示禁止は、否定禁止への翻訳(何をやめるべきかの理解)を要求するとともに、そこから間接禁止への翻訳(代わりに何をすべきかの理解)をも要求する。

教育の最初期段階は、直示禁止に頼らざるをえない。否定禁止や間接禁止に属する叱責表現を用いたとしても、何一つ言語が通じないという、きわめて単純な理由によって、すべては直示禁止として機能するほかない。すなわち、もっとも負荷の大きいものが、最初期の段階に位置するのである(200)。

(199) 教育の初期段階において幼児に求められるのはしばしば、身体運動の静止——それも叱責に対しての反射的な身体運動の静止——である。一見瑣末なこの事実によって、幼児に課せられる翻訳の負荷はかなりの程度軽減される。禁止表現の翻訳能力は、こうした動物的反応からの連続的な移行によって獲得されるが、いつ「動物」から人間への移行がなされたのかは養育者の目にも明らかではない。このことの含意は次注を参照。

3　人間と動物

動物の調教と対比することで、さらに理解を深めておこう。ソファの上であくびをしながら爪を研いでいる猫に対し、ソファにのってもあくびをしてもよいが、そこで爪を研ぐのはいけない、ということを伝えるのはどんなに難しいか。あるいは走り回る犬に対して、「座れ」や「こっちに来い」ではなく、「走るな」という命令を伝えるのはどんなに難しいか。動物には、何かをさせることより、何かをさせないことのほうがはるかに難しい。人間の幼児が、否定形による命令をすぐに理解できるようになるのは、じつは驚くべきことなのだ。

動物に対する否定禁止は、現実には、何らかの間接禁止――とくに身体運動の静止命令――によって代替されている。「走るな」という声に反応して静止した犬がいたとしても、その犬は「走らない」という否定形の命令に従っているのではなく、「身体を静止する」という肯定形の命令に従っている。このとき犬は、ある特定の入力（飼い主の声）に対し特定の出力（身体の静止）を返している。反復的な訓練によって、こうした条件づけを行なうことは可能であるが、しかし、犬がそのことによって「走らない」とはどういうことかを学ぶわけではない。犬は身体を静止することで結果的に走らないのだが、走らないことを目的として静止しているわけではない。これはちょうど、画用紙に絵を描くことが壁に絵を描かないことでもあるのに気づいていない、先述の幼児と同じである。

野矢茂樹は、人間の言語と動物の言語（動物によるシグナルの交換を言語と呼ぶとして）との違い、ひいては人間の教育と動物の調教との違いを、規則を教えられる側から教える側への移行という観点から分析した。(201) 特定の入力に特定の出力を返すだけではなく、その出力を返すべきであることを理解し、そうした入力を行なえない他者に対しては教える側へと回ること。この意味での規範性こそが、人間の言語や教育を、特別なものにすると考えるのである。

野矢の分析には後期ウィトゲンシュタインの影響がうかがえるが、本節の議論に関して前期ウィトゲンシュタインを持ち出したとしても、的外れにはならないだろう。『論考』の言語観における「否定」の働きを念頭に置くとき、動物に言語（論理）が通じないことと、動物に否定禁止が通じないことは、一対の事実であると言える。犬は「走らない」ことが無数の他の可能的行為と重なっていることを理解できない。飼い主の足元に座ることを、「走らない」行為の一つとして実行する

(200)「こら」という叱責に対し、反射的に身体を硬直させた幼児は、まだそれを否定禁止にも間接禁止にも翻訳できない。だが養育者ははじめから「こら」という言葉をそうした翻訳に開かれたものとして発しており、事実、幼児はある段階で、翻訳の能力を身につける。その移行は連続的であるため、養育者は、幼児にとっての「こら」の意味が変化していることに無自覚でいられる。動物的な調教は、人知れず教育に変化するのだが、最初からそれは教育だったと見なされることになる。

(201) 野矢［2005］.

ことはできない。様相的な観点から否定禁止に応じるためには、言語の力——とりわけ否定表現の力——が必要なのである。

否定禁止は、規範性への扉を開く。そのことがより際立つのは、過去に目を向けたときだ。「こら」と叱られた猫は、今から爪研ぎをやめるかもしれない。「座れ」と命じられた犬は、今から走るのをやめるかもしれない。だが彼らはそのことで、過去の行為を反省はしない。それらの行為を「しない」ことが可能だったとは考えないからだ。

4 過去への叱責

直示禁止に属する表現は、それが使用された時点に言及対象——問題の行為——が在るのが普通である。だからこそ、「こら」や「だめ」などの定型句のみで、特定の行為を指示できる。昨日落書きをした幼児を、今突然「こら」と叱りつけても、幼児はいったい何を叱責されているのか理解できないだろう。

過去の行為を叱るためには、問題の行為がどの行為なのかを理解させる必要がある。三種類の叱責のなかでは、否定禁止がもっとも自然にこの課題を果たすことができる。なぜなら否定禁止には、問題の行為の内容に関する言及が含まれるからだ。「落書きをするな」という叱責の仕方は、昨日の落書きを幼児に想起させるのに必要な手がかりを含んでいる。他方、間接禁止のみで過去の行為を叱ることは、幼児への負荷を増大させる。どの行為がまずかったのかを示さず、ただ、それに代わるべき行為を示すだけでは、幼児は戸惑いを感じるだろう。なぜなら過去の行為はもう、目前から消えているからだ。過去についての間接禁止を否定禁止に翻訳することは、現在について同じ翻訳をするより、はるかに難しいことだと言える。

過去への叱責に関しては、単純で、しかし本質的な問題がある。過去の行為はまさに過去の行為であるため、叱責の時点では取り消しがきかない。その行為はすでに終えられている。否定禁止を行なったとしても、問題の行為をやめさせることはできない。同様の行為を繰り返さないように指導はできても、過去のあの行為を文字通りの意味で「やめさせる」ことは、もうできない。

もちろん間接禁止においても、この事実は揺るがない。現行犯の場合であれば、より良い行為を始めさせることで自動的に問題の行為を——否定禁止への翻訳に失敗した場合でもなお——やめさせることができた。だが、過去への叱責の場合、同じ効果は期待できない。過去の落書きを叱るために今から画用紙に向かわせても、過去の落書きは中止されない。今後は画用紙に描くことを学習させるのは有意義だが、しかし、過去への叱責としては、これでは不成功なのである。

そのため過去への叱責は、現行犯への叱責以上に規範的なものとなる。あの過去の行為はすべきではなかった、代わりに別の行為をすべきであった、これらのことを規範性のもとで理解させる必要がある。タイプ的（種別的）な観点ではなく、トークン的（個別的）な観点に立ってみよう。叱られた行為と同様の行為をこれからはしないというだけではなく——これならば動物にでもできる

――叱られた過去のあの行為をすべきではなかったと理解すること、あの行為の代わりに別の行為をすべきだったと理解すること、この意味での規範性がそこでは求められるのである。

次の疑問に答えておこう。上記の意味での規範性は、現行犯への叱責においても、同様に求められるのではないか。その通りである。というのも、結局のところ、現行犯への叱責は一種の過去への叱責を含むからだ。今この瞬間、現行犯で落書きを叱った場合にも、叱られた幼児は、現時点での落書きと現時点までの落書きの双方に関して、その叱責を受け止めねばならない。落書きを今すぐやめるだけでなく、すでに開始されてしまった落書きは悪い行為であったということ――この現在進行中の落書きは開始すべきではなかったということ――を理解して初めて、叱責に応じられたと言える。この意味では、純粋に現在時制的な、現行犯への叱責というものはない。

5　二重の規範性

壁への落書きを叱られた幼児が、突然こんな流暢《りゅうちょう》な返答をしたらどうだろう。

「たしかに自分は落書きをしていた。でもそれは過去のことだ。今後はきちんと画用紙に描くから、これまでのことは責めないでほしい。過去の歴史は一通りで変えることはできないし、そもそも落書きをしないことは不可能だったかもしれないのだから」

この返答は間違いなく、社会では認められないだろう。だが、それは人々が、この返答のどこが誤っているかを理解しているからではない。幼児の言い分は、ひょっとしたら正しいのかもしれない（たいていの哲学者なら、そう疑ったことがあるように）。にもかかわらず、この返答は、検討の余地なく退けられる。こんな返答をする幼児は、そもそも「反省をしていない」とされる。

　われわれは幼児を叱責する際、いったい何を教えているのか。われわれは幼児に、その行為は悪い行為であること、より良い行為がほかにあったこと、そうしたことを教え込む。だが、このときわれわれは、幼児に次のこともまた、教え込んでいるのである。その行為はしないこともできたということ。代わりにほかの行為をすることもできたということ。この意味で、幼児は自由であったということ――。これは客観的事実というより社会的信仰の教説である。幼児はこのことを信じなければならない。それが信仰であることを忘れてしまうほどに強く。そしてわれわれもまた、この信仰の内部にいる。われわれは幼児が自由だと信じ、その信念のもとで叱責を行なう。教育におけるこの側面は、われわれの目からも、ふだんは完全に隠されている。

　否定禁止と間接禁止がともに教育に用いられることは、自由の付与という観点からも興味深い。動物的な調教においては、間接禁止だけがあれば事足りる。なぜ人間の幼児には、禁じられた行為の背後に、さまざまな可能的行為を思い描くことが要求されるのか。それはわれわれの教育が、規範的なものだからにほかならない。

　否定禁止は、幼児を可能性の世界に参入させる。ある行為をしないことは、それに代わる可能的行為のどれかをすることである。だが、過去のあの行為の代わりに何が可能だったのか。いや、何が可能だったと考えるべきなのか。現実になされなかった行為は、どれも不可能だったとも言える。論理的に可能な行為は、どれも可能だったとも言える。しかし幼児にはより穏当な、可能性の把握が求められる。可能的な行為の候補は、規範的な制限を受けねばならない。幼児は、自分が何をすることができたかについての様相把握を、内省や自然観察のみによってではなく、自分に向けられた間接禁止を手がかりとして、調整していく必要がある。(202)

幼児は二重の規範性を一体化して学ばなくてはならない。何が悪い行為であり何が良い行為であるのかを学ぶだけではなく、何が悪い様相把握であり何が良い様相把握であるのかも、同時に学ばなくてはならない。だから、落書きをした幼児が、それは悪い行為であったと認めつつ、しかし落書きしないことは可能だったのかと問うことはできない。そうした疑問を抱く幼児は、あの行為は「悪かった」ということの意味を理解していないと見なされるからだ。

落書きの悪さを認めることは、落書きをしない可能性があったと認めることでもある。このとき、事実、落書きをしない可能性があったかどうかは問題ではない。叱責において重要なのは、その可能性はあったのだと幼児に信じさせることだ。自分は落書きをしないこともできた――この「正しい」様相把握を幼児は鵜呑みにさせられる。「しないこともできた」とはどういうことか、それにはどのような証拠があるのか、こうした疑問に対する答えが与えられることはない。

様相把握の妥当性を幼児が議論できるようになるのは、彼らが幼児でなくなったとき、つまり自由な主体として十分に承認されたあとのことだ。承認後の「幼児」はもはや、われわれの信仰の内部にいる。そのとき、より良い行為が可能だったかについての様相把握の妥当性の議論は、きわめて部分的なもの——個別の具体的事例に関する様相把握の微調整——とならざるをえない。より良い行為は一般的に不可能だったのではないか、などという懐疑論的な問いは、出るはずのない問いなのである。

(202) 間接禁止を受けた幼児が、行為aをやめて行為bを始めたとしよう。幼児のこの経験は、行為aから行為bへの乗り換えが可能であることを教えてくれる。このことは、行為aの代わりにつねに行為bが可能であることを意味してはいない。とりわけ、間接禁止を受ける直前まで続けられていた過去のあの行為aが、行為bでありえたことを意味してはいない。だが、行為aから行為bへの乗り換えが可能だったことは——その乗り換えがタイプ的に複数回実行されたならばなお——行為aと行為bの成立環境の類似性を示唆する。行為aが可能な状況は、行為bが可能な状況に似ているのである。こうした知見が、自分は何をすることができたかについての学習（信仰の伝承）において、大きな役割を果たしていることは間違いない。

補論4
指示の因果説と起源の本質説

1　様相と時間分岐

フォスフォラスは明け方の空に見える星の名前であり、ヘスペラスは夕方の空に見える星の名前だが、どちらも金星を指している。つまり、フォスフォラスとヘスペラスは同一である。フレーゲはこれらの名前を例に、「フォスフォラスはフォスフォラスである」と「フォスフォラスはヘスペラスである」は同じ意味なのか、違うとすればなぜなのか、という同一性言明の問題を提起した。[203] 名前の意味がその指示対象であるなら、二つの文は同義になってしまう。しかし明らかにこれらの文には認識論的な差異がある。

フレーゲの論点は明確であるが、この事例そのものには、次の違和感を覚えるかもしれない。フォスフォラスが明け方の空に見える星であり、ヘスペラスが夕方の空に見える星であれば、その点で単純に――フレーゲの言う意義（Sinn）と意味（Bedeutung）の違いにこだわるまでもなく――両者は別ものだと考える余地があるのではないか。両者が同一だと見なされるのは、承認される同一性を時空連続体としての同一性に限定しているからではないのか。

フォスフォラスとヘスペラスの日本語名である「明けの明星」と「宵の明星」は、明け方／夕方に見えるという意義を名前に含んでいる——あるいは、明け方／夕方に見えるということで指示を固定している——点で上記の議論にあまり用いられないが、この忌避は若干の論点先取と言える。採用すべき同一性の規定を、時空連続性のほうに誘導するからだ。実際には、対象の同一性を時空連続性ではなく、たとえばその見え方（現象としての見え方だけでなく状況としての見え方も含めて）をもとに規定し、そして、見え方が異なる場合は時空連続性が保たれていても同一と見なさないことは、十分に可能だろう。指示される対象の特性によっては、それは自然ですらあるだろう。

同じく天体を例に挙げるなら、星座の同一性はどうか。星座はいくつかの星から成るが、しかし、重要なのはそれらの星の時空連続性以上に、それらの星の地球からの見え（配置）である。カシオペア座を構成している星々のすべてを北極星から見ることができたとして——実際にどんなふうに見えるのかは知らないが——それが地球から見たあのM字形とは似ても似つかない形であったなら、「北極星の空にカシオペア座はない」と言うことは十分に意味をもちうる。(204) この場合でも「カシオ

(203) Frege [1892].

(204) あるいは別の事例として、昨夜までと同一のカシオペア座が「見え」ながら、それを構成する一つの光点が昨夜とは別の星に入れ替わっていたという可能性を考えてみても面白い。

ペア座はある」と言えるような同一性の規定はもちろん可能だが（星々の時空連続性に訴えればよい）、しかしそれは明らかに唯一絶対の規定ではない。

私は以上の観点から、冒頭で述べたフレーゲ的問題そのものというより、そこから派生的に現われたクリプキ的問題について検討したい。『名指しと必然性』（一九八〇年）第一講義においてクリプキは、その問題をこんなふうに提示する――。フレーゲ＝ラッセル見解（とクリプキが呼ぶもの）およびその修正版である群概念理論によれば、「プラトンの弟子である」「『ニコマコス倫理学』の著者である」「アレクサンダー大王の教師である」といった記述の選言がアリストテレスについて成り立つことは必然的である。これらの記述の一つひとつは偶然的にしか成り立たないにせよ、これらの記述の選言（とくにその主要な部分）が成り立つことは必然的である。なぜなら「アリストテレス」とはだれかは、これらの記述をもとに決まるからだ。しかしクリプキによれば、こうした記述のすべてをアリストテレスが満たさなかったことは可能である。たとえば幼少期のあるきっかけから、彼が哲学とまったく無縁の生涯を送った――『ニコマコス倫理学』を書くことも、アレクサンダー大王の教師を務めることもなかった――こともありえただろう。それゆえ、フレーゲ＝ラッセル見解は間違っている。

この議論にはいくつかの問題があるが[205]、ここでは次の点を見よう。アリストテレスが哲学とまったく無縁の生涯を送ったとは、どのような状況なのか。そのアリストテレスとは、だれなのか。可能世界は純粋に質的に与えられるのではなく「アリストテレス」のような表現を用いて約定される

――それゆえ、純粋に質的な可能世界を見て、だれがアリストテレスかを見分ける必要はない――と同書でクリプキは繰り返しているが、たとえそうであるにせよ、哲学とまったく無縁なアリストテレスの可能的生涯をどのように約定すればよいのか。

「アリストテレス」「ニクソン」「ヒトラー」……といった固有名について、通常それらの名前に結びつけられている記述を当の対象が満たさなかった可能性としてクリプキが考えているのは――クリプキ自身の意図はともかくテキストで実際に挙げられているのは――時空連続的な可能性である。すなわちアリストテレス／ニクソン／ヒトラー……の様相的な時間分岐点を生涯の（初期の）一時点に求め、その人物が時空連続的な同一性を保ったまま、どのような未来を持ちえたかを考えている。それゆえ、そこで挙げられる諸可能性の事例は、時空連続的なだけでなく、未来分岐的（共通の過去から多数の可能的未来が開かれる）でもある。あのアリストテレスが哲学とまったく無縁な生涯を送ったという可能性は、誕生時からおそらくは幼少のある時点まで、現実のアリストテレスと共通の過去をもった――その期間についての記述が一致する――人物についての可能性であり、われわれはその人物をアリストテレスとして約定したのである。

　クリプキは固有名を固定指示子と見なし、特定の記述に還元されない同一の対象を全可能世界で指すものとした(206)。固有名「アリストテレス」は、『ニコマコス倫理学』の著者であるとか、アレク

(205) 飯田［1995］, p. 282.
(206) Kripke［1980］, pp. 48-49, 邦訳 pp. 55-56.

サンダー大王の教師であるといった記述を満たすものを指すのではなく、あのアリストテレスそのものを指す。この意味で固有名は、記述の束に還元されない「たんなる名札」(R・B・マーカスの用語)として機能する。

しかし、「たんなる名札」としての名前がどうして対象を指示できるのか。クリプキ自身、見取り図であって理論ではないと述べたにもかかわらず、クリプキ発案の「指示の因果説」として広まった考えがある。指示の因果説によれば、あるとき対象に名前が付けられ(命名儀式)、その後、この名前が人々のあいだで因果的に受け継がれていくことで、名前はその対象を指示する。名前を受け継ぐ人々は、指示を固定するのに必要な諸性質を知っている必要はない。その名前は、はじめに命名されたあの対象を指すものとして、受け継がれていくのである。

ただしクリプキは固有名に関して、それが指す対象の本質——必然的性質——というものを認めた。たとえばその考えでは、アリストテレスが彼の現実の両親から生まれたことは、アリストテレスの本質である。形而上学的な必然性として、クリプキは起源——同じ親から生まれたり同じ材料から作られたり——の同一性を挙げた[207]。アリストテレスが現実の彼の親以外から生まれることは、形而上学的に不可能だとされる。なぜなら、現実の彼の親から生まれることはアリストテレスの本質——どの可能世界のアリストテレスにも当てはまる性質——だからだ。一般的な名称ではないが、これを「起源の本質説」と呼ぼう。

『名指しと必然性』において、指示の因果説と起源の本質説は独立した議論のもとで提出される。

しかし私の見るところ、クリプキの言外においてこの二つの説は連動しており、この連動によって、時間分岐と無縁な論理的可能性は、時間分岐を本性とする実現可能性に結びつく。すなわち、語の配列の無矛盾性に依拠するタイプ的な「ありうる」は、トークン的な事象可能性（*de re* 様相）についての「なりうる」に結びつく。重要なのは、ある対象をできる限り過去の時点――理想的には誕生の時点――で捕捉し、様相の時間分岐点として「それ」を固定することだ。「アリストテレス」や「ニクソン」を例にクリプキが実践していたように。

命名儀式の瞬間、まさにその瞬間に存在するものとして、記述の束に還元不可能なトークン的対象が確保される。命名者が目の前の「それ」を名づけることにより、現実世界における「それ」は実現可能性の時間分岐点となる。『名指しと必然性』のなかにはときに「当該の（the）」という表現が出てくるが――「当該のアリストテレス」のような――、「当該の」とは「それ」であることだ。性質非還元的なこの当該性は、指示の因果説において、命名時点での「それ」を捕捉することで意味を得ている。それゆえ、一つの固有名を使うことは、一つの時間的な様相分岐図を指すことでもある。当該の「それ」は世界の一部として、可能性の枝を進んでいく。これは三次元的な全体としての「それ」の時間的変化であるとともに、三次元的な全体としての世界の時間的変化を伴う。[208]

（207） *Ibid.*, pp. 113-114. 邦訳 pp. 136-137.

（208） ここでは、現代形而上学で言うところの「三次元主義」的な語りがとられているが（Merricks [1995] など）、もちろん、この語りに固着した論点を述べているわけではない。

ある全体が別の全体で「ありうる」ことと、ある全体が別の全体に「なりうる」こと。前者は、可能性を開く原点としての時間分岐点をもたない。たとえば、トークンとしての織田信長がいかに「ありうる」か――信長の論理的可能性――を語っても、それは、信長の代表的性質と他の諸性質とのあいだにどれだけのタイプ的無矛盾性が認められるかを語っているにすぎない。現実の信長をその起源において捕捉し、「それ」を分岐点とすることで、タイプ的無矛盾性はトークン的可能性につながる。無矛盾性としての「ありうる」は、分岐的な「なりうる」を経由して初めて、事象の実現可能性となる。

ところで、起源を時間分岐点として固定するという狙いから言えば――クリプキはけっして認めないだろうが――フレーゲ‐ラッセル見解の変種を起源の記述説として擁護することもできる。固有名「アリストテレス」を、「アリストテレス」と命名された「それ」の〈起源における諸性質の束〉に還元し、その時空連続体を指す名前とするわけだ。アリストテレスが誕生時において、これらの諸性質のいずれかをもたないことはありえない。なぜなら、これらの諸性質をもった「それ」こそがアリストテレスの様相的原点となるからである。

実際問題として、人間の場合、起源を特定することは難しい（出産時なのか受精時なのか？　あるいは、そのどちらでもないのか？）。だが仮に出産時が起源だとすれば、アリストテレスが三千グラムで誕生したのなら、アリストテレスが三千五百グラムで誕生したことは、起源の記述説によれば不可能となる。直観的に可能だと感じるのは、起源をより以前（たとえば受精時）に置いているからだ。アリストテレスが哲学を学ばず、『ニコマコス倫理学』を書かず、アレクサンダー大王の教師にならなかったことは可能だが、しかし、「それ」でなかったこと、たとえば三千グラムで誕生しなかったことは不可能なのである。

私自身はこの起源の記述説を本気で支持するつもりはない。人間に限らず、起源の特定は一般に困難であり、また起源の諸性質についても、ほとんどの対象に関してわれわれはよく知らない。しかしクリプキの起源の本質説がもしも有用な説であるなら、この起源の記述説も同程度には有用だろう。たとえばアリストテレスが哲学を学ばなかった可能性について、同程度にうまく語れるだろう。

また、この起源の記述説は、指示の因果説とも共存できる。アリストテレスの起源における諸性質の束について無知な人々も、「アリストテレス」という固有名を使える。なぜならそれらの諸性質の束は、命名時点で多くの人々に確保されているからだ。この確保への信頼がなければ、「アリストテレス」という固有名の使用を受け継ぐことはできない。これは起源の記述説だけでなく、起源の本質説――クリプキのもともとの見解――についても言えることである。

2　一般名と科学

クリプキは『名指しと必然性』のなかで、「アリストテレス」や「フォスフォラス」といった固有名だけでなく「虎」や「水」といった一般名（とくに例として挙げるのは自然種名）についても、その固定指示子としての性格を論じている。これらの一般名もまた、すべての可能世界で同じものを指すとされる。それだけではない。クリプキによれば一般名も固有名と同様、すべての可能世界においてそれがもつべき必然的性質としての本質をもつ。

ところで、固有名の大半がある特定の時空的個体を指すのに対し——曲名のような例外については独立の考察が必要だろう[209]——、一般名はそうではない。固定指示子としての「虎」は、もちろん特定の虎個体を指さないし、また、現実世界の虎の集合を指すわけでもない（もしそうなら固定指示子ではありえない）。だとすれば、前節での固有名についての議論は、それがもっぱら時空連続性を重視しているがゆえに、一般名には当てはまらないのではないか。

ここで私は二つの断りを入れておくべきだろう。第一に、一般名に当てはまらないからといって、その議論を固有名（しかも適切に限定された固有名）に用いることを禁じる理由はない。クリプキが一般名にも固有名にも当てはまる普遍的議論を——しかも時空連続性に訴えない議論を——所有していたという保証はなく、事実私には、クリプキは一般名と固有名について似て非なる議論を展開しているように見える。第二に、いま述べたことに一見反するようだが、一般名についてのクリプキの議論にも時空連続性への依存がある。ただしそれは、固有名の議論の場合と決定的な違いをもっている。

第一の点について。一般名は固定指示子であり、なおかつその指示対象は本質をもつ、という

『名指しと必然性』第三講義での議論は、それに先立つ固有名の議論に比べると曖昧な印象を与える。一般名の場合、その指示対象の存在論的カテゴリーが不明確であることも問題だが、とりわけ理解が困難なのは、「水はH_2Oである」や「金《きん》は原子番号七九である」のような科学的言明が必然的だと言われていることだ。

そこに見られる、本質の解明としての科学観は、それ自体否定されるべきものではない。世界は水や金といった種からなり、それらの種の必然的性質を科学は明らかにする――、現場の科学者がこうした信念を抱いていることは大いにありうる。だが、この科学観に関するクリプキの言説は、論証というよりは提唱、あるいは作業仮説の確認であろう。そして、たとえ科学が本質解明の営みであったとしても、今日、本質だと見なされているものが本当に本質であるかは分からない。将来、水の真の本質が見つかり、水がH_2Oであるとの知識は破棄されるかもしれない（本質を規約的に定義しない限り、その可能性は残るだろう）。ならば、どうして「水はH_2Oである」が必然的だと言えるのか。これは第三講義への、至極当然の疑問である。

第三講義を好意的に読むなら、そこで述べられているのは、現在のわれわれの言語が事実として――日常言語か科学的言語かを問わず――現在の科学の配下にあるということだろう。今われわれ

(209)　「運命」とはベートーベンが五番目に書いた交響曲のことだろうか。いや、「四番」を飛ばしてこれを書くこともできたように思われる。また、別人がこれを書くこともできたように思われる。でも「これ」とは？　曲名をもし情報の名前と見なすなら、曲名よりも演奏名のほうが通常の意味での固有名に近い。

に約定しうる可能性は、今日の科学を前提とした可能性であり、そして、それ以外の可能性はない（それ以外の可能性は事物の実現に関わらない）のだ。では、将来の画期的な発見によって「水がH_2Oでない」ことが分かる可能性はどうなるのか。われわれは本当はその可能性を、今この時点での言語で記述することはできない。それが可能に思われるのは、過去のある科学知識の改変――たとえばエーテル概念の改変――に類することが水についても起こりうるからだが、しかし、水についてそれが起こった場合の未来の言語をわれわれはもっていない。その意味で、いま「水」と呼ばれているものがH_2Oでない可能性はない（いま「フォスフォラス」と呼ばれているものが、いま「ヘスペラス」と呼ばれているものと同一でない可能性がないのと同様）。

可能世界は質的に自存するのではなく、記述によって約定される、というクリプキの可能世界観は、その記述が現在のわれわれの言語によってなされざるをえない点において、現在の科学を特別なものにする。第三講義は一見、科学的言語に（恣意的に）特権的立場を与える議論に見えるが、本当に特権的立場を与えているのは、科学的言語というより現在の言語である。ただ、その現在の言語は事実上、きわめて科学的な言語なのだ。科学は、それが科学だからというより現在の言語の中核にあるからこそ、必然的性質について語れる。この現在中心性と独立に、科学という名で総称可能な、本質の探究手段があるわけではない。

さきほどの断りの第二点について。科学という名で総称可能な本質探究の手段はない、と述べたばかりだが、第三講義での科学知識の例示には、じつはかなりの共通点がある。そこで念頭に置かれている科学は、いわば「顕微鏡の科学」であり、とりわけ、対象の必然的な同一性を、時空領域の同一性から確証していくものである（水とH_2Oの同一性、雷と放電の同一性、等々）。対象がもつべき本質もまた、時空連続体としての同一性を基盤に探究されることになる。

ただし第三講義では、その時空的同一性の重視が時間分岐的な可能性の思考と直結していない。この点が固有名についての議論と異なる。第三講義では、一般名で指示される対象が何からできているかが問題とされ、その原料（素材・構造）を本質と認める議論が展開されるが、この議論を、固有名における起源の本質説と同一視することはできない。原料のタイプ的な本質性は、起源のトークン的な本質性と異なるからだ。水が水素と酸素からできていることは必然的だという話と、アリストテレスが（現実の）彼の両親から生まれたことは必然的だという話は、似て非なるものである。原料についての前者の話では、命名儀式において捉えられた「それ」が時間分岐的な様相の原点になることはない。

クリプキは一般名についても命名儀式の可能性を認めているが、そこで捉えられるのは「それ」ではなく、「それ」と同種のものである。たとえば、金（と呼ばれるようになるもの）の特定のサンプルを前にして、これと同種のものを「金」と呼ぼう、というかたちで一般名の命名はなされる。一般名の命名儀式については、そのようなことが科学の現場で実際になされているのかという疑問はさておき、「同種のもの」を指示するとはいかなることかという疑問が残るだろう。「同種のもの」のタイプ的な指示は、あらかじめ、最重要の性質（本質の候補）を指定することによってしか、なしえないのではないか。少なくとも、「アリストテレス」の命名時のように、ある時空領域において対象の起源を補足するといった仕方では「同種のもの」を指すことはできない。

第二講義までに展開されるフレーゲ－ラッセル見解の批判は、その主たる説得力を「それ」の時間分岐的可能性から得ている。「アリストテレス」のような人名はもちろん、「1メートル」のような一見そうは見えない事例であっても、実際には何らかの「それ」の時間分岐的可能性が暗躍している（「1メートル」の事例の場合は、メートル原器である棒Sが――じつは1メートルのほうではなく――「それ」にあたる。「S」と命名された「それ」が起源からの時空連続性を維持しつつ、熱膨張などによって特定時点で別の長さをもっていた可能性が思考されている）。

ここまでの議論から明らかな通り、固有名についてのクリプキの論証を一般名にそのまま当てはめることはできない。そのことをふまえて第三講義を読むなら、一般名についての考察は意外なほど説得力に欠けている。にもかかわらず、第三講義がそれ以前の議論と直結している印象を与え、第三講義の理解しがたさを読者の側の不理解によるものとさえ感じさせるのは、そこに時空的同一性の議論が見え隠れするからだろう。そしてそれが、原料についての議論を起源についての議論と混同させるからだろう。

だがそこにきちんと線を引くなら、第三講義でなされているのは、アリストテレス的本質主義――科学は種（あるいは類）の必然的性質を明らかにする――への信仰の表明であり（先述の通り、それは論証ではない）、また現在の科学というより現在の言語によって可能性が開かれることの素描である。この後者の描像において、何が必然であるかは現在の言語によって決まるが、これは恣意的な言語的規約によって必然性が定まるということではない。そのように考えるなら、言語が可能性を開くことの不可避性は失われるだろう。可能性理解の源泉としては、「水はH_2Oである」のような科学的知識以上に、『確実性の問題』でウィトゲンシュタインが挙げたような日常的知識——「私には手がある」「私は月に行ったことがない」等——のほうがふさわしく、こうした知識を形成する言語こそ、現在の言語と呼ぶべきである。第三講義をこの観点から読むなら、その議論はクリプキのもう一つの主著『ウィトゲンシュタインのパラドックス』での議論につながる。(210)

(210) 本書の補論2のほか、『分析哲学講義』(青山［2012a］)第六章・第七章において、私はその実例を示した。『確実性の問題』はしばしばクワインの論文「経験主義のふたつのドグマ」(Quine［1951］)と関連づけて読まれており、さらにその読みは、クワインの文脈にウィトゲンシュタインを位置づけるかたちでなされてきたと言える(奥［2004］第3節)。たとえば関口浩喜は『言語と認識のダイナミズム』(丹治［1996］)の書評において、同書でのウィトゲンシュタイン批判が、あらかじめ「クワイン化されたウィトゲンシュタイン」に向けられたものであると指摘する(関口［1997］, p. 122)。他方、『分析哲学講義』では、ウィトゲンシュタインのクワイン化ではなく、いわばクワインのウィトゲンシュタイン化と見なしうる議論が展開されているが、当然のことながら、その議論をクワイン自身に帰することはしていない。［本注は、今回の論文収録にあたって新たに付した。］

あとがき

本書は、筆者の博士学位論文「分岐する時間——自由意志の哲学」（慶應義塾大学提出）を編集者・増田健史氏の尽力のもとで書籍化したものである（書籍化に際し加筆を行なった）。同論文を書くにあたっては多くの方々の恩恵を受けたが、その学問的恩恵についてはできる限り正確に、参考文献の記載に反映させた。ここではそうした方々のお名前を長々と列挙することはせず、すべての恩恵に感謝するとともに、同論文の主査である柏端達也教授、副査である斎藤慶典教授・入不二基義教授、論文公聴会にて特定質問者を務められた鈴木生郎氏、そして学生時代の指導教官であった永井均教授に、とくに感謝の意を表したい。

書籍化に際してタイトルを『時間と自由意志』に改めたが、これは編集者の増田氏の提案によるものである。ベルクソンのたいへん有名な著書の英題（*Time and Free Will*）と同じタイトルであり、研究者としては少し気が引けたが、次の二つの理由からそれを採用することにした。第一に、ベルクソンの同著には多くの邦訳があるが、『時間と自由意志』との邦題は大正期までしか用いられていない。第二に、ベルクソンは同著第三章である問いを提起しているが、本書第一章で見た分岐問題は、その問いの発展上にある。その意味で上記のタイトルは、本書に合っていると言えるだろう。ところで自負をもって率直に述べるなら、分岐問題に対する本書での応答は、ベルクソンによる彼の問いへの応答より、優れた点もいくつか含んでいると思う。このようなことを書くと不遜なようだが、しかし、そのような自負をもてずに哲学書を刊行するというのは、かえって読者に失礼なことだろう。

以下に書誌情報を記しておく。本書の執筆にあたっては、下記の拙論（1）―（3）を利用した。（1）は第二章にて、（2）は第一章と第三章にて、（3）は第三章にて、本文の一部として用いられている。ただし、これらは分解・加筆されており、論文によっては印象を大きく変えている。

（1）自由意志の非実在性
『山口大学哲学研究』一四号、山口大学哲学研究会、八七―九八頁、二〇〇七年。
（2）歴史の言語的弁別について
『山口大学哲学研究』一九号、山口大学哲学研究会、四九―五七頁、二〇一二年。
（3）時間は様相に先立つか
『哲学』六五号（シンポジウム「未来という時間」提題論文）、日本哲学会、九―二四頁、二〇一四年。

さらに本書の末部には、下記の（4）―（7）を補論として収めた。（4）以外は論文として短く読みやすい部類に属し、これらを補論として並べることは、本書全体のバランスを崩さないだろう。

（4）時制的変化は定義可能か――マクタガートの洞察と失敗
『科学哲学』三二（二）号、日本科学哲学会、五五―七〇頁、二〇〇四年。

（5）無知の発見――猫の懐疑とウィトゲンシュタイン
『知識構造科学の創造へ向けての基礎研究』二巻、日本大学精神文化研究所、古田智久編、一四一―一四九頁、二〇〇八年。

（6）叱責における様相と時間
『時間学研究』二巻、山口大学時間学研究所、六五―七〇頁、二〇〇八年。

（7）指示の因果説と起源の本質説
『時間学研究』四巻、日本時間学会、四九―五六頁、二〇一一年。

このほか、黒田亘氏の因果論を批判的に検討した（8）と共著の英語論文である（9）は、本書への直接の転載はないものの、本書の内容と深い関わりをもっている。（8）については、第二章第4節の終わりでその議論の一部を取り上げた。

（8）行為と出来事は直交するか――「手が上がる」から「手を上げる」を引く
『西日本哲学会年報』一八号（シンポジウム「黒田哲学の再評価」提題論文）、八七―一〇一頁、二〇一〇年。

（9）Free Will and the Divergence Problem
Takuo Aoyama, Shogo Shimizu, and Yuki Yamada, *Annals of the Japan Association for Philosophy of Science*, Vol. 23, pp. 1-18, 2015.

人名索引

ア 行

カ 行

サ 行

タ　行

ナ　行

ハ　行

マ 行

ヤ 行

ラ 行

ワ 行

参考文献

［欧語文献］

Aoyama, T., Shimizu, S. & Yamada, Y. [2015], "Free Will and the Divergence Problem", *Annals of the Japan Association for Philosophy of Science*, 23, pp. 1–18, 2015.

Bratman, M. E. [2000], "Reflection, Planning, and Temporally Extended Agency", *Philosophical Review*, 109 (1), pp. 35–61, 2000. 〈邦訳〉「反省・計画・時間的な幅をもった行為者性」竹内聖一訳，門脇俊介＋野矢茂樹編・監修［2010］所収，pp. 289–334.

Chisholm, R. [1964], "Human Freedom and the Self," in R. Kane (ed.) [2002], pp. 47–58.

Clarke, R. [1993], "Toward a Credible Agent-Causal Account of Free Will", *Noûs*, 27 (2), pp. 191–203, 1993.

Conee, E. & Sider, T. [2005], *Riddles of Existence: A Guided Tour of Metaphysics*, Oxford University Press. 〈邦訳〉『形而上学レッスン――存在・時間・自由をめぐる哲学ガイド』小山虎訳，春秋社，2009.

Cova, F. [2014], "Frankfurt-Style Cases User Manual: Why Frankfurt-Style Enabling Cases Do Not Necessitate Tech Support", *Ethical Theory and Moral Practice*, 17 (3), pp. 505–521, 2014.

Davidson, D. [1980], *Essays on Actions and Events*, Oxford University Press. 〈邦訳〉『行為と出来事』服部裕幸＋柴田正良訳，勁草書房，1990.

Davidson, D. [1985], "Reply to Quine on Events," in E. LePore & B. McLaughlin (eds.), *Actions and Events: Essays on the Philosophy of Donald Davidson*, Blackwell, pp. 172–176, 1985. 〈邦訳〉「出来事についてのクワインへの応答」，柏端達也＋青山拓央＋谷川卓共編訳

［2006］所収，pp. 127–139.

Dennett, D. C.［2004］, *Freedom Evolves*, Penguin Books.〈邦訳〉『自由は進化する』山形浩生訳，NTT 出版，2005.

Dummett, M.［1960］, “A Defense of McTaggart’s Proof of the Unreality of Time”, *Philosophical Review*, 69 (4), pp. 497–504, 1960.〈邦訳〉「マクタガートの時間の非実在性証明を擁護して」藤田晋吾訳，『真理という謎』，勁草書房，pp. 370–381, 1986.

Fischer, J. M.［2002］, “Frankfurt-Style Examples, Responsibility and Semi-Compatibilism,” in R. Kane (ed.)［2002］, pp. 95–110.

Frankfurt, H. G.［1969］, “Alternate Possibilities and Moral Responsibility”, *Journal of Philosophy*, 66 (3), pp. 829–839, 1969.〈邦訳〉「選択可能性と道徳的責任」三ツ野陽介訳，門脇俊介＋野矢茂樹編・監修［2010］所収，pp. 81–98.

Frankfurt, H. G.［1971］, “Freedom of the Will and the Concept of a Person”, *Journal of Philosophy*, 68 (1), pp. 5–20, 1971.〈邦訳〉「意志の自由と人格という概念」近藤智彦訳，門脇俊介＋野矢茂樹編・監修［2010］所収，pp. 99–127.

Franklin, C. E.［2011］, “Neo-Frankfurtians and Buffer Cases: The New Challenge to the Principle of Alternative Possibilities”, *Philosophical Studies*, 152 (2), pp. 189–207, 2011.

Frege, G.［1892］, “Über Sinn und Bedeutung”, *Zeitschrift für Philosophie und philosophische Kritik*, 100, pp. 25–50, 1892.〈邦訳〉「意義と意味について」土屋俊訳，『現代哲学基本論文集 I』坂本百大編，勁草書房，pp. 1–44, 1986.

Haggard, P. & Eimer, M.［1999］, “On the Relation Between Brain Potentials and the Awareness of Voluntary Movements”, *Experimental Brain Research*, 126 (1), pp. 128–133, 1999.

Honderich, T.［1993］, *How Free Are You?: The Determinism Problem*, Oxford University Press.〈邦訳〉『あなたは自由ですか？——決定論の哲学』松田克進訳，法政大学出版局，1996.

Horwich, P.［1987］, *Asymmetries in Time: Problems in the Philosophy of Science*, MIT Press.〈邦訳〉『時間に向きはあるか』丹治信春訳，丸善，1992.

Irifuji, M. [1993], "From *De Se* to *De Me*: On the Singular Self Hidden in the Irreducibility Thesis of *De Se*", *Musashidaigaku Jinbungakkaishi*, 24 (2), pp. 1-22, 1993.

Jason, T. [2013], "(Metasemantically) Securing Free Will", *Australasian Journal of Philosophy*, 91 (2), pp. 295-310, 2013.

Johansson, P., Hall, L., Sikström, S. & Olsson, A. [2005], "Failure to Detect Mismatches Between Intention and Outcome in a Simple Decision Task", *Science*, 310, pp. 116-119, 2005.

Kane, R. [1996], *The Significance of Free Will*, Oxford University Press.

Kane, R. [1999], "Responsibility, Luck, and Chance: Reflections on Free Will and Determinism", *Journal of Philosophy*, 96 (5), pp. 217-240, 1999.

Kane, R. [2002], "Introduction," in R. Kane (ed.) [2002], pp. 1-26.

Kane, R. (ed.) [2002], *Free Will*, Blackwell.

Knuuttila, S. [2013], "Medieval Theories of Modality" (Substantive revision: Feb. 5, 2013), *Stanford Encyclopedia of Philosophy*. [http://plato.stanford.edu/entries/modality-medieval/]

Kripke, S. A. [1980], *Naming and Necessity*, Basil Blackwell and Harvard University Press.〈邦訳〉『名指しと必然性』八木沢敬＋野家啓一訳，産業図書，1985.

Kripke, S. A. [1982], *Wittgenstein on Rules and Private Language*, Harvard University Press.〈邦訳〉『ウィトゲンシュタインのパラドックス』黒崎宏訳，産業図書，1983.

Le Poidevin, R. [1993], "Lowe on McTaggart", *Mind*, 102, pp. 163-170, 1993.

Le Poidevin, R. & Macbeath, M. (eds.) [1993], *The Philosophy of Time*, Oxford University Press.

Lewis, D. [1979], "Attitudes *De Dicto* and *De Se*", *The Philosophical Review*, 88 (4), pp. 513-543, 1979.〈邦訳〉「言表についての態度と自己についての態度」野矢茂樹訳，『現代思想』1989年6月号，pp. 134-163, 青土社，1989.

Lewis, D. [1981], "Are We Free to Break the Laws?," in G. Watson (ed.) [2003], pp. 122-129.

Lewis, D. [1986], *On the Plurality of Worlds*, Blackwell.

Libet, B., Gleason, C. A., Wright, E. W. & Pearl, D. K. [1983], "Time of Conscious Intention to Act in Relation to Onset of Cerebral Activity (Readiness-Potential). The Unconscious Initiation of a Freely Voluntary Act", *Brain*, 106, pp. 623–642, 1983.

Libet, B. [1985], "Unconscious Cerebral Initiative and the Role of Conscious Will in Voluntary Action", *Behavioral and Brain Sciences*, 8, pp. 529–566, 1985.

Libet, B. [2004], *Mind Time: The Temporal Factor in Consciousness*, Harvard University Press.

Locke, J. [1905], *An Essay concerning Human Understanding*, The Open Court Publishing Co. (Produced by Amazon.)〈邦訳〉『人間知性論』大槻春彦訳，『世界の名著 32』，pp. 61–188, 中央公論新社，1980.

Loux, J. [1979], "Introduction: Modality and Metaphysics," in J. Loux (ed.) [1979], pp. 15–64.

Loux, J. (ed.) [1979], *The Possible and the Actual*, Cornell University Press.

Lowe. E. J. [1992], "McTaggart's Paradox Revisited", *Mind*, 101, pp. 323–326, 1992.

McTaggart, J. M. E. [1908], "The Unreality of Time", *Mind*, 17, pp. 457–474, 1908.

McTaggart, J. M. E. [1927], "Time," in *The Nature of Existence*, 2, ch. 33, Cambridge University Press. Reprinted in R. Le Poidevin & M. Macbeath (eds.) [1993], pp. 23–34.

Mele, A. R. [2006], *Free Will and Luck*, Oxford University Press.

Mele, A. R. [2014], *A Dialogue on Free Will and Science*, Oxford University Press.

Mele, A. R. & Robb, D. [1998], "Rescuing Frankfurt-Style Cases", *Philosophical Review*, 107 (1), pp. 97–112, 1998.

Mellor, D. H. [1998], *Real Time II*, Cambridge University Press.

Merricks, T. [1995], "On the Incompatibility of Enduring and Perduring Entities", *Mind*, 104, pp. 523–531, 1995.〈邦訳〉「耐時的存在者と永存的存在者の両立不可能性」，柏端達也＋青山拓央＋谷川卓共編訳

［2006］所収，pp. 37–55.

Nagel, T.［1979］, *Mortal Questions*, Cambridge University Press.〈邦訳〉『コウモリであるとはどのようなことか』永井均訳，勁草書房，1989.

Nahmias, E., Morris, S., Nadelhoffer, T. & Turner, J.［2005］, "Surveying Freedom: Folk Intuitions about Free Will and Moral Responsibility", *Philosophical Psychology*, 18（5）, pp. 561–584, 2005.

Nisbett, R. E. & Wilson, T. D.［1977］, "Telling More than We can Know: Verbal Reports on Mental Processes", *Psychological Review*, 84, pp. 231–259, 1977.

Oaklander, L. N. & Smith, Q.（eds.）［1994］, *The New Theory of Time*, Yale University Press.

O'Connor, T.［2002］, "The Agent as Cause," in R. Kane（ed.）［2002］, pp. 196–205.

Otsuka, M.［1998］, "Incompatibilism and the Avoidability of Blame", *Ethics*, 108（4）, pp. 685–701, 1998.

Pereboom, D.［2001］, *Living without Free Will*, Cambridge University Press.

Price, H.［1996］, *Time's Arrow & Archimedes' Point: New Directions for the Physics of Time*, Oxford University Press.〈邦訳〉『時間の矢の不思議とアルキメデスの目』遠山峻正＋久志本克己訳，講談社，2001.

Quine, W. V. O.［1951］, "Two Dogmas of Empiricism", *Philosophical Review*, 60（1）, pp. 20–43, 1951.〈邦訳〉「経験主義のふたつのドグマ」飯田隆訳，『論理的観点から――論理と哲学をめぐる九章』，勁草書房，pp. 31–70, 1992.

Searle, J.［2001］, *Rationality in Action*, MIT Press.〈邦訳〉『行為と合理性』塩野直之訳，勁草書房，2008.

Searle, J.［2004］, *Mind: A Brief Introduction*, Oxford University Press.〈邦訳〉『MiND――心の哲学』山本貴光＋吉川浩満訳，朝日出版社，2006.

Shimojo, S., Simion, C., Shimojo, E. & Scheier, C.［2003］, "Gaze Bias Both Reflects and Influences Preference", *Nature Neuroscience*, 6（12）, pp. 1317–1322, 2003.

Soon, C. S., Brass, M., Heinze, H. J. & Haynes, J. D. [2008], "Unconscious Determinants of Free Decisions in the Human Brain", *Nature Neuroscience*, 11, pp. 543-545, 2008.

Strawson, P. F. [1962], "Freedom and Resentment", *Proceedings of the British Academy*, 48, pp. 187-211, 1962. Reprinted in G. Watson (ed.) [2003], pp. 72-93. 〈邦訳〉「自由と怒り」法野谷俊哉訳，門脇俊介＋野矢茂樹編・監修［2010］所収，pp. 31-80.

Terkel, S. [2001], *Will the Circle Be Unbroken*, Thorndike.

van Inwagen, P. [1975], "The Incompatibility of Free Will and Determinism", *Philosophical Studies*, 27 (3), pp. 185-199, 1975. 〈邦訳〉「自由意志と決定論の両立不可能性」小池翔一訳，門脇俊介＋野矢茂樹編・監修［2010］所収，pp. 129-153.

van Inwagen, P. [1978], "Ability and Responsibility", *Philosophical Review*, 87, pp. 201-224, 1978.

van Inwagen, P. [1983], *An Essay on Free Will*, Clarendon Press.

van Inwagen, P. [1996], "Why Is There Anything at All?", *Proceedings of the Aristotelian Society*, 70, pp. 95-110, 1996. 〈邦訳〉「そもそもなぜ何かがあるのか」，柏端達也＋青山拓央＋谷川卓共編訳［2006］所収，pp. 57-84.

Vos, A., Veldhuis, H., Looman-Graaskamp, A. H., Dekker, E. & den Bok, N. W. (eds.) [1994], *John Duns Scotus: Contingency and Freedom. Lectura I 39*, Kluwer.

Watson, G. [2003], "Introduction," in G. Watson (ed.) [2003], pp. 1-25.

Watson, G. (ed.) [2003], *Free Will* (Second Edition), Oxford Readings in Philosophy.

Widerker, D. [1995], "Libertarianism and Frankfurt's Attack on the Principle of Alternative Possibilities", *Philosophical Review*, 104 (2), pp. 247-261, 1995.

Wittgenstein, L. [1922], *Tractatus Logico-Philosophicus*, Routledge & Kegan Paul. 〈邦訳〉『論理哲学論考』（ウィトゲンシュタイン全集 1）奥雅博訳，大修館書店，1975；『論理哲学論考』野矢茂樹訳，岩波文庫，2003.

Wittgenstein, L. [1953], *Philosophische Untersuchungen*, Basil Blackwell.

〈邦訳〉『哲学探究』（ウィトゲンシュタイン全集 8）藤本隆志訳，大修館書店，1976；『哲学的探求』黒崎宏訳，産業図書，1997.
Wittgenstein, L. [1969], *Über Gewißheit*, Basil Blackwell.〈邦訳〉『確実性の問題』（ウィトゲンシュタイン全集 9）黒田亘訳，大修館書店，1975.
Wittgenstein, L. [1984], *Philosophische Bemerkungen* [1929–1930], Suhrkamp.〈邦訳〉『哲学的考察』（ウィトゲンシュタイン全集 2）奥雅博訳，大修館書店，1978.

[邦語文献]

青山拓央 [2004],「時制的変化は定義可能か ―― マクタガートの洞察と失敗」,『科学哲学』, 32 (2), 日本科学哲学会, pp. 55–70, 2004.
青山拓央 [2007],「自由意志の非実在性」,『山口大学哲学研究』, 14, 山口大学哲学研究会, pp. 87–98, 2007.
青山拓央 [2008a],「無知の発見 ―― 猫の懐疑とウィトゲンシュタイン」,『知識構造科学の創造へ向けての基礎研究』, 2, 日本大学精神文化研究所, 古田智久編, pp. 141–149, 2008.
青山拓央 [2008b],「叱責における様相と時間」,『時間学研究』, 2, 山口大学時間学研究所, pp. 65–70, 2008.
青山拓央 [2010],「行為と出来事は直交するか ――「手が上がる」から「手を上げる」を引く」,『西日本哲学会年報』, 18, pp. 87–101, 2010.
青山拓央 [2011a],『新版 タイムトラベルの哲学』, 筑摩書房（旧版 [2002], 講談社）.
青山拓央 [2011b],「時間分岐／人生の棋譜化」,『情報処理』, 52 (6), 情報処理学会, pp. 629–630, 2011.
青山拓央 [2011c],「指示の因果説と起源の本質説」,『時間学研究』, 4, 日本時間学会, pp. 49–56, 2011.
青山拓央 [2012a],『分析哲学講義』, 筑摩書房.
青山拓央 [2012b],「歴史の言語的弁別について」,『山口大学哲学研究』, 19, 山口大学哲学研究会, pp. 49–57, 2012.
青山拓央 [2014],「時間は様相に先立つか」,『哲学』, 65, 日本哲学会, pp. 9–24, 2014.
浅野光紀 [2012],『非合理性の哲学 ―― アクラシアと自己欺瞞』, 新曜社.

アリストテレス［2013］,『カテゴリー論　命題論』（アリストテレス全集1）, 内山勝利＋神崎繁＋中畑正志編, 岩波書店.
飯田隆［1985］,「可能世界」,『新・岩波講座　哲学７　トポス・空間・時間』, 岩波書店, pp. 270-300, 1985.
飯田隆［1995］,『言語哲学大全 III』, 勁草書房.
伊佐敷隆弘［2010］,『時間様相の形而上学 ── 現在・過去・未来とは何か』, 勁草書房.
伊勢田哲治［2012］,『倫理学的に考える ── 倫理学の可能性をさぐる十の論考』, 勁草書房.
入不二基義［2002］,『時間は実在するか』, 講談社.
入不二基義［2007］,『時間と絶対と相対と ── 運命論から何を読み取るべきか』, 勁草書房.
上野修［2005］,『スピノザの世界 ── 神あるいは自然』, 講談社.
上野修［2013］,『哲学者たちのワンダーランド ── 様相の十七世紀』, 講談社.
植村恒一郎［2002］,『時間の本性』, 勁草書房.
大森荘蔵［1971］,『言語・知覚・世界』, 岩波書店.
大森荘蔵［1976］,『物と心』, 東京大学出版会（文庫版［2015］, ちくま学芸文庫）.
奥雅博［2004］,「いわゆるウィトゲンシュタインの「世界像命題」をめぐって」,『大阪大学大学院人間科学研究科紀要』, 30, 大阪大学大学院人間科学研究科, pp. 78-89, 2004.
小浜善信［2012a］,「解説」, 九鬼［2012］所収, pp. 393-442.
小浜善信［2012b］,「九鬼哲学の根本問題：偶然論, 押韻論, 時間論」,『研究年報』, 48, 神戸市外国語大学外国学研究所, pp. 23-70, 2012.
柏端達也［1997］,『行為と出来事の存在論 ── デイヴィドソン的視点から』, 勁草書房.
柏端達也［2007］,『自己欺瞞と自己犠牲』, 勁草書房.
柏端達也［2008］,「アクラシア, 高階性, 通時的合理性」,『科学哲学』, 41（2）, 日本科学哲学会, pp. 45-58, 2008.
柏端達也＋青山拓央＋谷川卓共編訳［2006］,『現代形而上学論文集』, 勁草書房.
門脇俊介＋野矢茂樹編・監修［2010］,『自由と行為の哲学』, 春秋社.

壁谷彰慶［2005］,「主体の自由を脅かすもの ―― 悪霊と培養槽」, 永井均編, 研究プロジェクト報告書 101『主体概念の再検討』, 千葉大学大学院社会文化科学研究科, pp. 15-19, 2005.
カント［2005］,『プロレゴーメナ・人倫の形而上学の基礎づけ』, 中央公論新社.
九鬼周造［2012］,『偶然性の問題』, 岩波文庫.
黒田亘［1975］,『経験と言語』, 東京大学出版会.
黒田亘［1983］,『知識と行為』, 東京大学出版会.
黒田亘［1992］,『行為と規範』, 勁草書房.
小坂井敏晶［2008］,『責任という虚構』, 東京大学出版会.
斎藤慶典［2007］,『哲学がはじまるとき ―― 思考は何／どこに向かうのか』, 筑摩書房.
三平正明［2012］,「現代論理学からみたライプニッツ ―― 概念論理から義務論理まで」,『ライプニッツ読本』, 酒井潔＋佐々木能章＋長綱啓典編, 法政大学出版局, pp. 302-322, 2012.
塩野直之［2008］,「訳者解説」, Searle［2001］邦訳（勁草書房, 2008）所収, pp. 339-352.
鈴木秀憲［2011］,「非決定と自由 ―― ケインの自由意志論の批判的検討」,『科学哲学』, 44（2）, 日本科学哲学会, pp. 47-63, 2011.
須藤訓任［1998］,「屋根から瓦が…… ―― 必然・意志・偶然」,『岩波新・哲学講義 3　知のパラドックス』, 岩波書店, pp. 125-150, 1998.
スピノザ［2007］,『エティカ』, 工藤喜作＋斎藤博訳, 中央公論新社.
関口浩喜［1997］,「世界像, またはウィトゲンシュタインの「苦慮」について」,『哲学誌』, 39, 東京都立大学哲学会, pp. 112-122, 1997.
瀧川裕英［2003］,『責任の意味と制度 ―― 負担から応答へ』, 勁草書房.
瀧川裕英［2008］,「他行為可能性は責任の必要条件ではない」,『法学雑誌』, 55（1）, 有斐閣, pp. 31-57, 2008.
田島正樹［2006］,『読む哲学事典』, 講談社.
田島正樹［2013］,『古代ギリシアの精神』, 講談社.
丹治信春［1996］,『言語と認識のダイナミズム ―― ウィトゲンシュタインからクワインへ』, 勁草書房.
千葉恵［1997］,「アリストテレスの本質主義 ―― 必然性の源泉としての本質」,『北海道大学文学部紀要』, 45（3）, 北海道大学, pp. 1-35, 1997.

ディック，P. K.［1977］，『アンドロイドは電気羊の夢を見るか？』，朝倉久志訳，早川書房．

テイラー，R.［1968］，『哲学入門』，吉田夏彦訳，培風館．

デカルト［2006］，『省察』，山田弘明訳，ちくま学芸文庫．

ドストエフスキー［2006］，『カラマーゾフの兄弟 2』，亀山郁夫訳，光文社．

永井均［1998］，『これがニーチェだ』，講談社．

永井均［2004］，『私・今・そして神』，講談社．

永井均［2013］，『哲学の密かな闘い』，ぷねうま舎．

永井均＋入不二基義＋上野修＋青山拓央［2010］，『〈私〉の哲学 を哲学する』，講談社．

中島義道［2002］，『時間論』，筑摩書房．

中島義道［2006］，『後悔と自責の哲学』，河出書房新社．

中島義道［2011］，『悪への自由 —— カント倫理学の深層文法』，勁草書房．

中島義道［2013］，『ニーチェ —— ニヒリズムを生きる』，河出書房新社．

中島義道［2014］，「超越論的仮象としての未来」，『哲学』，65，日本哲学会，pp. 43-54, 2014.

中山康雄［2003］，『時間論の構築』，勁草書房．

成田和信［2004］，『責任と自由』，勁草書房．

新田孝彦［1993］，『カントと自由の問題』，北海道大学図書刊行会．

ニーチェ，F.［1993］，『善悪の彼岸・道徳の系譜』（ニーチェ全集 11），信太正三訳，筑摩書房．

野矢茂樹［2004］，「宿命論について」，『科学哲学』，37（2），pp. 47-58, 日本科学哲学会，2004.

野矢茂樹［2005］，「動物の言葉・人間の言葉」，『他者の声 実在の声』，産業図書，pp. 1-12, 2005.

野矢茂樹［2007］，『大森荘蔵 —— 哲学の見本』，講談社．

野矢茂樹［2010］，「序論」，門脇俊介＋野矢茂樹編・監修［2010］所収，pp. 1-27.

平井靖史［2002］，「訳者解説」，ベルクソン［2002］所収，pp. 271-300.

プリゴジン，I.［1997］，『確実性の終焉 —— 時間と量子論，二つのパラドクスの解決』，安孫子誠也＋谷口佳津宏訳，みすず書房．

ベルクソン，H.［2002］，『意識に直接与えられたものについての試論 ——

時間と自由』，合田正人＋平井靖史訳，筑摩書房.
ホッブズ，T.［2009a］，『リヴァイアサン I』，永井道雄＋上田邦義訳，中央公論新社.
ホッブズ，T.［2009b］，『リヴァイアサン II』，永井道雄＋上田邦義訳，中央公論新社.
三浦俊彦［1997］，『可能世界の哲学――「存在」と「自己」を考える』，日本放送出版協会.
美濃正［2008］，「決定論と自由――世界にゆとりはあるのか？」，『岩波講座哲学 2　形而上学の現在』，岩波書店，pp. 161-186, 2008.
森田邦久［2011］，『量子力学の哲学――非実在性・非局所性・粒子と波の二重性』，講談社.
八木雄二［2001］，「ドゥンス・スコトゥスにおける「今」という瞬間」，『中世思想研究』，43，中世哲学会，pp. 87-103, 2001.
八木雄二［2009］，『天使はなぜ堕落するのか――中世哲学の興亡』，春秋社.
吉原雅子［2007］，「行為の選択可能性と責任」，『学苑・人間社会学部紀要』，796, pp. 14-23，昭和女子大学，2007.
ライプニッツ，G. W.［2005］，『モナドロジー・形而上学叙説』，清水富雄＋飯塚勝久＋竹田篤司訳，中央公論新社.
ライプニッツ，G. W.［2013］，『形而上学叙説・ライプニッツ－アルノー往復書簡』，橋本由美子＋秋保亘＋大矢宗太朗訳，平凡社.
レム，S.［2004］，『ソラリス』，沼野充義訳，国書刊行会.
渡辺慧［1987］，『時間の歴史――物理学を貫くもの』，東京図書.

青山拓央（あおやま・たくお）
1975年生まれ。現在、京都大学大学院人間・環境学研究科准教授。哲学の観点から、とくに時間・言語・自由・心身関係を考察。慶應義塾大学より博士（哲学）を取得。県立浦和高校、千葉大学文学部、同大学院博士課程、日本学術振興会特別研究員、山口大学時間学研究所准教授を経て現職。2006年、日本科学哲学会第1回石本賞を受賞。2011年、文部科学大臣表彰科学技術賞を研究グループにて受賞。著書に『分析哲学講義』（ちくま新書）、『心にとって時間とは何か』（講談社現代新書）、『幸福はなぜ哲学の問題になるのか』（太田出版）、『新版 タイムトラベルの哲学』（ちくま文庫）など。

時間《じかん》と自由意志《じゆういし》――自由《じゆう》は存在《そんざい》するか

2016年11月25日　初版第1刷発行
2021年10月 5 日　初版第2刷発行

青山拓央――著者
喜入冬子――発行者
株式会社 筑摩書房――発行所
東京都台東区蔵前 2-5-3　郵便番号 111-8755
電話番号 03-5687-2601（代表）
株式会社 精興社――印刷
株式会社 積信堂――製本

©Takuo AOYAMA 2016 Printed in Japan
ISBN978-4-480-84745-4　C0010

乱丁・落丁本の場合は、送料小社負担でお取り替えいたします。

本書をコピー、スキャニング等の方法により無許諾で複製することは、法令に規定された場合を除いて禁止されています。請負業者等の第三者によるデジタル化は一切認められていませんので、ご注意ください。

◉筑摩書房の本◉

ヘーゲル〈他なるもの〉をめぐる思考
熊野純彦

「体系的形而上学者」という従来のヘーゲル像を覆し、プラトン以来の哲学的思考と問題群を踏まえ、現代哲学の問題状況を咀嚼しつつ展開する類のない果敢な論考。

人間にとって善とは何か
徳倫理学入門
フィリッパ・フット
高橋久一郎監訳
河田健太郎／立花幸司／壁谷彰慶訳

サンデルをはじめ、多くの議論に絶大な影響を与えた著者が、アリストテレスからニーチェまで「善悪」の系譜を一望し、決着に挑む。現代倫理学の決定版！

形而上学者ウィトゲンシュタイン
論理・独我論・倫理
細川亮一

『論理哲学論考』はなぜフレーゲとラッセルに理解されなかったのか？〈反形而上学のチャンピオン〉とされる従来のウィトゲンシュタイン像を覆す独創的な試み。

〈ひと〉の現象学
鷲田清一

この世に生まれ落ち、やがて死にゆく〈わたし〉たち、〈ひと〉として生き、交わり、すれ違うその諸相——。困難な時代のただ中で紡がれた、哲学的思考。

◉筑摩書房の本◉

〈ちくま新書〉
分析哲学講義
青山拓央

現代哲学の全領域に浸透した「分析哲学」。言語のはたらきの分析を通じて世界の仕組みを解き明かすその手法は切れ味抜群だ。哲学史上の優れた議論を素材に説く！

〈ちくま新書〉
科学哲学講義
森田邦久

科学的知識の確実性が問われている今こそ、科学の正しさを支えるものは何かを、根源から問い直さねばならない！　気鋭の若手研究者による科学哲学入門書の決定版。

〈ちくま新書〉
プラグマティズム入門
伊藤邦武

これからの世界を動かす思想として、いま最も注目されるプラグマティズム。アメリカにおけるその誕生から最新の研究動向まで、全貌を明らかにする入門書決定版。

〈ちくま新書〉
哲学入門
戸田山和久

言葉の意味とは何か。私たちは自由意志をもつのか。人生に意味はあるか……こうした哲学の中心問題を科学が明らかにした世界像の中で考え抜く、常識破りの入門書。

◉筑摩書房の本◉

〈ちくま学芸文庫〉
物と心
大森荘蔵

対象と表象、物と心との二元論を拒否し、全体としての立ち現われが直にあるとの「立ち現われ一元論」を提起した、大森哲学の神髄たる名著。　解説　青山拓央

〈ちくま学芸文庫〉
デカルトの誤り
情動、理性、人間の脳
アントニオ・R・ダマシオ
田中三彦訳

脳と身体は強く関わり合っている。脳の障害がもたらす情動の変化を検証し「我思う、ゆえに我あり」というデカルトの心身二元論に挑戦する。

〈ちくま学芸文庫〉
心はどこにあるのか
ダニエル・C・デネット
土屋俊訳

動物に心はあるか、ロボットは心をもつか、そもそも心はいかにして生まれたのか。いまだ解けないこの謎に、第一人者が真正面から挑む最良の入門書。

〈ちくま学芸文庫〉
倫理とは何か
猫のアインジヒトの挑戦
永井均

「道徳的に善く生きる」ことを無条件には勧めず、道徳的な善悪そのものを哲学の問いとして考究する、不道徳な倫理学の教科書。　解説　大澤真幸